ALBUM PERDU.

27
28

n° 19320

ALBUM PERDU.

A PARIS,

CHEZ LES MARCHANDS DE NOUVEAUTÉS,

1829.

A

Mme LA COMTESSE DE..

AUX EAUX D'ENGHIEN.

Paris, 26 mai 1828.

Le voilà, ma jeune amie, ce petit *Album* que vous avez tant désiré de parcourir, et que, déjà, vous avez entr'ouvert quelquefois en dépit de mes résistances. Reconnaissez - le bien à la couleur rouge de sa couverture, et à ce parfum de cuir de Russie qui vous aidait toujours à le retrou-

1

ver parmi les papiers où j'essayais de le cacher. Si j'ai refusé, cet hiver, de vous le laisser lire, c'est qu'il me semblait qu'au milieu de tant de distractions dont vous étiez environnée, votre curiosité sur cet objet n'était que vague, désœuvrée et un peu indiscrète. Mais maintenant j'ai pitié de votre ennui, durant les longues matinées de la campagne. Tenez, je vous le confie pour trois jours; et pourvu que vous me promettiez de ne point l'emporter hors de votre chambre, ni dans ces pélerinages nombreux à l'éternelle maison de Jean-Jacques, ni surtout dans les bois de Saint-

Gratien où l'on pourrait tout oublier ; pourvu enfin qu'il me soit renvoyé avant notre départ pour Valençay, je ne me repentirai point d'avoir cédé au désir de vous surprendre agréablement.

C'est pour moi-même que je l'ai fait ce recueil où il y a de tout, même du latin, même de la politique : je l'ai composé avec soin, conscience et prédilection. Il est le fruit des loisirs de plus d'une année, et je crois qu'il vous amusera. J'en puis faire l'éloge, puisque M. de T......... en est le véritable auteur. Je n'ai fait que recueillir quelques-uns des innombrables mots heureux échappés à l'humeur facile et à la verve malicieuse de cet homme d'État.

Les dénominations d'abbé de Pé........, d'évêque d'Au...., de M. de T........., de citoyen T........., de prince de B........, de prince-Duc de T.........-Pé......, forment à elles seules un abrégé de l'histoire de sa vie. On peut dire de mon héros que, lorsqu'il entra dans les ordres, il fut en quelque sorte prédestiné à devenir le *directeur* de la révolution, dans le sens que les ames dévotes attachent au mot de *directeur*. Ce fut M. de T........., en effet, qui baptisa la révolution sur l'autel de la patrie, le jour de la première fédération; plus tard, il la maria avec l'empire, et lui donna, en 1814, l'extrême-onction après avoir eu quelque part à ses largesses, et s'en être assuré une dans sa succession. Il a aussi baptisé la légitimité. Qu'il contribue à rendre indissoluble son mariage avec le pacte de Louis XVIII, et ni l'ancien évêque d'Au...., ni personne n'aura jamais à administrer à la légitimité l'autre sacrement! N'est-ce pas?

Adieu. Joie et santé.

P. S. A propos, vous trouverez

dans la poche en soie bleue du petit cahier, une lettre pour ce jeune officier blessé que vous avez pu voir quelquefois au bal dans la rue de Varenne. Il prend dans ce moment avec sa famille, les eaux, tout à côté de vous. Ma lettre est peut-être cachetée; mais c'est la chose du monde la plus simple : un avancement dont je lui donne avis. N'allez pas supposer, s'il rougissait quand vous la lui remettrez sans témoin, qu'il y ait là le moindre mystère, ni que ma complaisance envers vous soit expliquée par ce moyen de correspondre avec lui, ni qu'il occupe ma plus intime pensée;

parce que je n'en parle qu'en finissant et seulement dans un *post-scriptum* : je profite tout bonnement de cette occasion pour ne point faire étalage public de mon crédit sur le grave M. de Caux. Il y a des gens qui voient partout de l'intrigue ou de la galanterie ; mais ce n'est pas nous, ma bonne amie, j'en suis bien sûre.—Adieu.

————

ALBUM PERDU.

Quiconque a beaucoup lu a nécessairement un auteur favori, et cela doit être ainsi, surtout parmi les hommes d'un esprit supérieur. Si, en effet, des lecteurs vulgaires cherchent dans des livres des idées qui ne leur appartiennent pas, et dont ils s'emparent pour essayer de s'instruire, ceux que la nature a doués d'une haute intelligence y trouvent l'expression de leurs propres pensées, et il se forme entre tel lecteur et tel auteur une sorte de liaison, d'intimité, passive d'une part, mais active de l'autre, qui naît d'une grande analogie d'esprit et de caractère. Ce n'est donc point une chose indifférente à ceux qui veulent acquérir la connaissance d'un homme, que de savoir la lecture qu'il préfère. Pour ne citer que deux exemples de cette analogie d'esprit et de caractère, nous nommerons Voltaire et Rousseau : le premier faisait de Rabelais sa lecture favorite, parce que l'instinct de son génie le poussait, comme le curé de Meudon, aux saillies vives et piquantes, parce que, comme lui, il voyait d'abord le côté ridicule des choses : Rousseau, au contraire, porté par sa misantropie à prendre le monde au sérieux, donnait la préférence aux *Essais de Montaigne* sur tout autre livre; en effet, Montaigne et Rousseau cherchaient tous les deux le fond de l'homme, plus qu'ils n'en examinaient la surface.

Quant à M. de T........., ses *livres d'or* sont les odes d'Horace et surtout les *Mémoires du cardinal de Retz*. Eh bien! dans M. de T........., il y a quelque chose du poète latin, et dans l'ancien évêque d'Au.... beaucoup du coadjuteur. La fronde avait été pour l'un, comme la révolution fut pour l'autre, un spectacle et un théâtre, où tous deux se sont montrés acteurs habiles et spectateurs disposés à la critique, se plaisant l'un et l'autre dans la société des femmes qui ont joué un rôle dans ces deux drames.

Les *Mémoires du cardinal de Retz* forment en quelque sorte le bréviaire de M. de T......... : il les lit et les relit sans cesse, et à l'exemple de son auteur favori, il a aussi écrit des mémoires. Quelque intéressans qu'ils doivent être nous ne faisons point de vœux pour les lire de sitôt, car on assure qu'une des clauses du testament de M. de T......... est qu'ils ne seront publiés que dix ans après sa mort. Il existe de ces mémoires deux manuscrits, l'un à Paris, l'autre à Valençay, et l'auteur s'occupe encore à les revoir et à y ajouter *. Il en a souvent lu quelques fragmens à un petit nombre d'amis, mais jamais rien de ce qui est postérieur au dix-huit brumaire. Ceux qui ont été assez heu-

* Peut-être les manuscrits ne sont-ils réellement ni à Paris, ni à Valençay ; car le jour où M. de T......... apprit la saisie des papiers de Cambacérès : « Ah ! ah ! dit-il, voilà un avertissement donné par les Tuileries à la rue St.-Florentin. — » ÉDIT.

reux pour assister à ces lectures privi-
légiées se souviennent du chapitre in-
titulé *mes amours au séminaire*; en voici
le commencement :

« Que nous sommes une chétive
espèce! Le plus impassible guerrier a
donc ses terreurs, et le plus froid diplomate des émotions involontaires!
La faiblesse que je vais confesser ici ne
me fera pourtant pas rougir : car
Alexandre frémissait au seul toucher
d'une pêche, et on sait qu'en présence
d'une araignée notre Turenne se trouvait mal. Il y a une boutique de rotis-
seur dans la rue du Vieux-Colombier,
et un tilleul encore verdoyant dans le
jardin de Saint-Sulpice que je ne pour-
rai jamais apercevoir sans quelque fré-
missement mêlé de plaisir. Ce matin
encore, 19 mai 1826, en allant à la

chambre des Pairs voter contre une de leurs lois (je ne sais laquelle), n'ai-je pas tout à coup oublié cette loi, mon opinion, mes quatre-vingts ans et la goutte, parce que mon carosse, ayant heurté une borne en tournant la rue du Gindre, j'ai levé la tête et reconnu cette maison peinte en vert qui renfermait pour moi toute beauté et tout amour en 1730.

» C'était là ma rue *Git-le-cœur*, comme le fut en 1580, pour Henri IV, cette étroite venelle où demeurait Gabrielle d'Estrées, et qui mène encore du quai des Augustins à la rue Saint-André-des-Arcs.

» Julienne Picot n'avait guère plus de quatorze ans, et je venais à peine d'arriver à seize, lorsque je l'aperçus pour la première fois au troisième étage d'une maison de la rue du Pot-de-fer, à travers un carreau de papier huilé, dont la moitié avait été déchirée par le vent. Elle avait des joues rondes, des cheveux blonds, et une belle petite camisolle d'indienne à grands ramages. A cette époque, j'étais dévot, et je la pris d'abord pour un chérubin : je me désabusai en la voyant manger de la galette. Un de mes camarades avait une chambre dont la fenêtre donnait sur la rue du Pot-de-fer, et j'employai pour le décider à troquer avec moi, plus de séductions et de mensonges qu'il n'en a peut-être fallu depuis pour changer deux fois la face de l'Europe.

» Je faisais chaque jour mille sottises pour me faire mettre en retraite, et là, en face de ma divinité, dressé sur les orteils afin de la mieux voir, je lui écrivais sur de grandes pancartes que je laissai d'abord dans la gouttière pour ne pas trop effaroucher sa pudeur, et puis pour lui donner le loisir d'en épeler les lettres. Ensuite je tenais moi-même à deux mains mes épîtres, à peu près comme les pierrots de la pantomime, afin de lire tout de suite la réponse dans ses yeux; et le plus souvent un peu de craie dessinait sur mon manteau noir mes plus tendres protestations d'amour. Julienne me répondit au bout de quelques semaines par l'emblême d'un cœur enflammé.

» Elle était en apprentissage chez une raccommodeuse de dentelles ; mais je sus bientôt qu'elle était fille du plus riche rôtisseur du quartier, et qu'en connaissance avec une femme employée à la buanderie du séminaire, elle venait quelquefois dans une salle basse qui tenait bien à notre maison, mais où nous n'avions point d'accès,

C'est quand elle était là, qu'à travers une porte condamnée, où l'on avait pourtant laissé une chattière ouverte, nous nous parlions d'un peu plus près. Assis des deux côtés de cette porte, et sur des dalles bien froides, et ne pouvant pas même nous voir, nous nous jurions de nous épouser avec une ardeur et une bonne foi dignes d'un autre âge. Je tenais sa petite main dans les miennes pendant des heures entières ; et j'étais plus heureux de cette faveur que je ne le fus jamais des croix, des clefs d'or, des cordons et des principautés.

» Julienne, logeant tour à tour dans la maison de sa maîtresse et dans la maison de son père, pouvait s'absenter à la fois des deux domiciles sans donner aucun soupçon. Nous commençâmes par profiter candidement de cette licence. J'avais quelque adresse, de l'argent, une vive résolution; et descendre la nuit du haut d'un mur de jardin ne me paraissait pas impraticable, parce que j'étais bien amoureux. Le retour seul m'eût embarrassé; mais une bonne amie de Julienne (car nous n'étions jamais seuls) m'aidait dans cette périlleuse expédition. Et c'était pour aller tous trois nous promener sur des boulevards déserts que nous bravions tant de périls; c'était pour jouir au clair de la lune de l'amour et de la liberté! En vérité, on devrait bien avoir toute sa vie seize ans.

» Il fallait pour rentrer dans ma prison, faire approcher un fiacre bien près de la dévote clôture, puis monter du siége sur l'impériale, de l'impériale sur le mur, atteindre les branches d'un tilleul, et se laisser glisser au pied de l'arbre. Quelle gaîté folle et quelle touchante peur j'inspirais presqu'en même temps à Julienne! Comme elle était inquiète, la pauvre fille, quand l'opération du retour commençait, et quels folâtres rires j'entendais de l'autre côté, dans la rue, quand, pour annoncer aux deux amies le succès de mon voyage, je leur jetais, par dessus le mur franchi, les fleurs de giroflée jaune et les feuilles de tilleul qui m'avaient tour à tour aidé à grimper et à descendre.

» Je me blessai dans une dernière escalade ; et cet accident qui n'eût été pour un autre qu'une entorse devait être un long mal pour moi. Un soir que je gémissais dans les tourmens de l'absence, et peut-être sur l'impossibilité où je serais toujours d'être pleinement satisfait en présence même de Julienne, tant que je ne déciderais pas sa compagne à laisser s'adjoindre un deuxième séminariste à nos promenades innocentes, il me vint en tête d'essayer d'une distraction de gourmandise; j'envoyai chercher quelques perdrix et une tourte de frangipane chez le père de Julienne. C'était un moyen que je croyais ingénieux de la rassurer sur ma santé, et il me semblait aussi qu'un peu de bonne chère me consolerait des mésaventures de l'amour; que les douceurs du père m'aideraient peut-être à supporter les rigueurs de l'absence de sa fille.

» Ce n'était pas la première fois que cet honnête homme nous fournissait des petits pieds, et même en cachette, à nos supérieurs et à nous. Mais cette fois la solennité de la Pentecôte autorisait ouvertement ce petit plaisir en faveur d'un convalescent. Il était près de sept heures ; j'avais appétit ; j'attendais le grave patronet qui avait coutume d'apporter les succulentes réfections, quand elles étaient permises, lorsque j'entendis frapper doucement à une porte voisine de la mienne. Je me levai comme par instinct, et au lieu du long garçon de four, étique et pâle, je vis venir l'enfant le plus charmant, mais le plus embarrassé du monde. Je le pris d'abord pour le frère de Julienne, car je savais qu'elle en avait un ; mais en touchant sa main pour l'aider dans l'obscurité du corridor, je reconnus Julienne elle-même. Elle entra dans ma cellule ; le bonnet de coton qui couvrait sa tête blonde tomba à ses pieds, et le plus gracieux sourire et les plus beaux cheveux couvrirent en même temps tout son visage.

» — M. l'abbé, me dit-elle, pensez-vous que M. Rigomier, c'était le nom du concierge, s'apercevra si je ne sors point tantôt? Hélas! mon Dieu! que devenir? J'ai dit à mon frère, en empruntant ses habits, que j'étais d'un bal de noces où je passerais la nuit avec ma maîtresse; j'ai dit à ma maîtresse que je rentrerais chez mon père...

» Je sautai de joie malgré mon mal; j'empêchai sa bouche de poursuivre : je comprenais bien tous les soupçons que sa bonne renommée allait subir; mais ne pouvant la cacher dans mon cœur, je l'enfermai dans une armoire;»

. . . .
. . . .
. . . .
. . . .
. . . .
. . . .

Quant à la ressemblance de M. de T......... avec Horace, elle a été tracée d'un trait de plume par Boileau, quand il a représenté le favori du favori d'Auguste,

Exhalant en bons mots les vapeurs de sa bile.

Les vers du poète latin reviennent continuellement à la mémoire de l'ancien ministre ; il en a souvent fait des citations que l'à-propos rendait très-piquantes.

Je les rappellerai ici, à mesure qu'elles cadreront avec les phases de l'existence politique, dont je vais suivre la chronologie.

— Encore petit abbé, M. de T......... se trouvait chez le duc de Choiseul, lorsqu'on annonça madame la duchesse de N. , dont les aventures faisaient alors quelque bruit, et qui s'était fait attendre pour dîner. Oh ! oh ! dit-il assez haut pour être entendu de toute la compagnie. La duchesse ne dit rien, mais à peine s'est-on mis à table, qu'elle apostrophe en ces termes le petit abbé : « Je voudrais bien savoir, Monsieur, pourquoi lorsqu'on m'a annoncée, vous avez dit oh ! oh? —Du tout, madame la duchesse ; j'ai dit ah ! ah! »

— La proposition de M. Mathieu de Montmorency, à l'assemblée consti-

tuante, sur l'abolition des titres de noblesse, donna lieu à plusieurs scènes
assez comiques. On n'a point oublié cet
excellent gentilhomme de province qui
s'écriait avec une naïveté admirable :
« Mais s'il n'y a plus de gentilshommes,
qui est-ce donc qui passera la chemise
au roi? » Un autre, qui avait acheté peu
de jours auparavant une baronnie,
disait : « Voyez comme c'est désagréa-
ble, et surtout pour moi; car enfin,
si les barons de France s'étaient mis
en cercle, j'aurais eu l'honneur de
donner la main à M. de Montmorency.»
Un membre de l'assemblée remarqua,
non sans raison, que ce M. Mathieu
de Montmorency ne faisait pas un
bien grand sacrifice en renonçant à
un titre; et qu'il eût mieux valu re-
prendre le nom de Bouchard, ou Bur-
chard, nom primitif de sa famille.

» Quoi qu'il en soit, l'évêque d'Au... ayant rencontré dans un cercle M. Mathieu de Montmorency, le soir même de cette fameuse séance, l'aborda, et lui demanda de ses nouvelles en ces termes : « Comment se porte Mathieu Bouchard ? — Bouchard ! mais, je m'appelle toujours Montmorency ; il ne dépend pas de moi de renier mes aïeux ; car enfin, je descends du grand connétable qui contribua si puissamment au gain de la bataille de Bouvines ; je descends de cet autre connétable de Montmorency, qui trouva la mort sur le champ de bataille de Saint-Denis ; je descends........ — Oui, oui, mon cher Mathieu, interrompit l'évêque, et vous êtes le premier de votre maison qui ayez mis bas les armes. »

» En réfutant M. de T.........

dans la Convention, Mirabeau s'avisa de lui dire : « Je vais vous enfermer dans un cercle vicieux. — Comment, dit vivement celui-là, est-ce que vous auriez envie de m'embrasser ? »

☞ Le jour de la première fédération, monsieur l'évêque d'Au..., au moment où il se rendit à l'autel pour célébrer la messe, ayant aperçu le commandant de la garde nationale, M. de Lafayette, placé près de lui, lui dit tout bas : « Ah ! ça, je vous en prie, ne me faites pas rire. »

☞ Le 25 juin 1792, M. de T......... arriva à Londres avec M. de Biron. Les gazettes anglaises s'empressèrent d'annoncer que M. de T......... avait été fort mal reçu de M. Pitt. Il s'était arrêté en route, et telle était alors la mauvaise foi des journaux de Londres, qu'ils annoncèrent cette mauvaise réception avant l'arrivée de l'ancien évêque d'Au.... On croyait que M. de T......... était chargé de négocier une alliance défensive. On a dit aussi que son voyage avait eu pour but de traiter relativement à l'établissement de deux chambres, mesure dont il a toujours été partisan, même à l'assemblée constituante, aussi bien que M. Mounier le père et M. de Lally-Tollendal. Quand M. de T......... parle de cette époque, il répète souvent que la suppression de la noblesse, suppression votée avec une incroyable légèreté, sur la proposition de M. de Montmorency, est une des choses qui contribuèrent le plus à la tournure déplorable que prirent les affaires. On détruisait une institution sans rien mettre à sa place; on se privait de matériaux tout disposés pour l'établissement d'une chambre haute. M. de T......... manifesta souvent cette opinion, et il fallut bien y venir, puisque, sous le Directoire même, le conseil des anciens ne fut qu'une espèce de chambre des pairs élective.

Dans la *Galerie des États-Généraux*, ouvrage attribué à Laclos, et imprimé en 1789, on lit le portrait suivant sous le nom d'Amène.

« Amène a ces formes enchanteresses qui embellissent même les vertus. Le premier instrument de ses succès est un excellent esprit; jugeant les hommes avec indulgence, les événemens avec sang-froid, il a cette modération, le vrai caractère du sage. Il est un certain degré de perfection qui n'existe que dans l'entendement, et une espèce de grandeur à vouloir le réaliser; mais ces brillans efforts donnent un instant de faveur à celui qui l'entreprend, et finissent par n'être d'aucune utilité aux hommes, bientôt détrompés. Le bon esprit dédaigne tout ce qui traîne à sa suite de l'éclat; et, mesurant les bornes de la capacité humaine, il n'a pas le fol espoir de les étendre au-delà de ce que l'expérience a montré possible.

» Amène ne songe pas à élever en un jour l'édifice d'une grande réputation. Parvenue à un haut degré, elle va toujours en décroissant, et sa chute entraîne le bonheur, la paix; mais il arrivera à tout, parce qu'il saisira les occasions qui s'offrent en foule à celui qui ne violente pas la fortune. Chaque grade sera marqué par le développe-ment d'un talent ; et, allant ainsi de succès en succès, il réunira cet ensem-ble de suffrages qui appellent un homme à toutes les grandes places qui vaquent.

» L'envie, qui, rarement, avoue un mérite complet, a répondu qu'Amène manquait de cette force qui brise les difficultés, nécessaire pour triompher des obstacles semés sur la route de quiconque agit pour le bien public. Je demanderai d'abord si l'on n'abuse pas de ce mot : *avoir du caractère*, et si cette force, qui a je ne sais quoi d'im-posant, réalise beaucoup pour le bon-heur du monde. Supposant même que, dans des momens de crise, elle ait triomphé des résolutions, est-ce toujours un bien? Je m'arrête. Quel-ques lecteurs croiraient peut-être que je confonds la fermeté, la tenue, la constance, avec la chaleur, l'enthousiasme, la fougue : Amène cède aux circonstances, et croit pouvoir offrir quelques sacrifices à la paix, sans descendre des principes dont il fait la base de sa morale et de sa conduite.

» Amène a contre lui la douceur du caractère, l'agrément de la figure, le charme de l'amabilité : je connais des gens que tant d'avantages choquent ; ils se préviennent contre un homme qui s'avise de les joindre au hasard utile de la naissance et aux qualités essentielles de l'ame ; ils s'en consolent par la recherche de quelques défauts, ou du moins de bons ridicules qu'on puisse au besoin travestir dans quelque chose de mieux.

» Que peut-on attendre d'Amène aux états-généraux ? Rien, ou peu de chose, s'il obéit à l'esprit de corps; beaucoup, s'il agit par lui-même, et s'il se pénètre de cette grande vérité, qu'il n'y a que des citoyens dans l'assemblée nationale. Celui qui a rédigé certains cahiers a le nerf nécessaire pour donner à son opinion un haut degré de prépondérance.

» On a voulu trouver un tort à Amène dans sa liaison avec un ministre disgracié. Il ne s'est jamais aveuglé sur des défauts qu'il a corrigés plus d'une fois, et a rendu justice à des talens d'autant plus à regretter, qu'il en mesurait l'étendue. Il arrive tous les jours que l'on connaît les imperfections de ses amis; on les plaint, on les diminue, et lorsque les événemens les précipitent du trône de la faveur, on les console, on les défend, et l'on travaille à les mettre dans le cas de rétablir leur réputation un moment altérée.

» Amène connaît trop bien les hommes pour être dupe des louanges; et s'il sourit aux illusions de l'amitié, il repousse l'erreur de la flatterie. Ce n'est pas le seul prestige qui puisse nous en imposer. Si par hasard Amène s'en était aperçu un peu plus tard, à dater de ce moment il ne l'oubliera plus. »

Nous ne prétendons pas dire que personne ne trouva ce portrait un peu flatté; mais, si l'on se rapporte au temps où il a été fait, on conviendra que le peintre a en quelque sorte prophétisé des ressemblances devenues frappantes par les diverses attitudes qu'a prises depuis son modèle.

☞ Un solliciteur se présente à M. de T........., et lui rappelle qu'il lui a promis une place : « C'est juste, dit celui-ci, mais indiquez-moi quelque chose qui vous convienne et qui soit à donner... Vous concevez que je n'ai pas le temps de chercher pour vous. » Au bout de quelques jours, arrive le solliciteur radieux d'espérance : « Monseigneur, telle place est vacante. — Vacante!.. eh bien! que voulez-vous que j'y fasse ?.. Sachez, monsieur, que quand une place est vacante, elle est déjà donnée. »

Excédée de recevoir à chaque instant, de M. de T........., des missives où il était question de toute autre chose que de diplomatie, une belle dame le menaça un jour de faire subir à ses billets doux le sort que le *Misanthrope* réserve au sonnet d'Oronte; le prince répondit par le quatrain suivant :

« Allez, mes vers, enfans de mon génie,
  « Allez, suivez votre destin ;
« Mais en passant, je vous en prie,
« Annoncez-moi chez le voisin. »

M. de T......... a toute sa vie aimé l'argent, non point comme un avare, mais comme un moyen d'être généreux, et quelquefois prodigue. Dès l'âge de vingt-cinq ans, il avait été investi de l'agence générale du clergé, place qui rapportait dix-huit mille fr. Bien qu'il fût l'aîné des enfans du comte de T.........., il n'était considéré que comme de la branche cadette de cette maison. Sa conformation délicate ne permettant pas de le destiner à la carrière militaire, sa famille obtint, en le faisant entrer dans les ordres, de reporter ses droits d'aînesse sur son frère Ar.........d. Maurice, habitué, dès son enfance, à vivre au sein de l'opulence, ne fut pas toujours riche; or, la fortune venait de se brouiller très-sérieusement avec lui quand il fut appelé, pour la première fois, au ministère des affaires étrangères. Il était dans cet état que les enfans de famille nomment cavalièrement *n'avoir pas le sou.* Cependant il fallait représenter, et comme les carosses que le directoire donnait à ses ministres étaient d'une grande simplicité. il se fit faire une voiture dont l'élégance fut bientôt remarquée de tout le monde. Mais la voiture n'était pas payée, mais le sellier demandait de l'argent, mais on ne lui en donnait pas; et le sellier, impatienté de voir ses réclamations sans réponse, prit, comme on dit, son courage à deux mains, et parvint enfin jusque dans l'antichambre du ministre. La jolie voiture, dont il portait la facture dans sa poche, il l'avait vue dans la cour de l'hôtel, attelée de deux chevaux superbes ! Point de doute, le ministre va sortir ; le sellier se blottit donc dans un coin ; les portes s'ouvrent et il s'avance, *son mémoire à la main, demandant son salaire.*

— Rien de plus juste, lui dit M. de T........., on vous doit, il faut que vous soyez payé. — Ah ! citoyen ministre, que d'obligations ! les temps sont si durs ! vous me rendrez un vrai service. — Il n'y a pas de service là dedans ; quand on doit, il faut s'acquitter. » En causant de la sorte, le ministre était arrivé auprès de la voiture, lorsque le sellier lui dit : — Vous me

paierez, citoyen ministre, mais quand?
— Quand... vous êtes bien curieux ! »
Et M. de T......... s'était tranquillement assis dans le fond du carosse ; un
valet avait refermé la portière ; le sellier, un peu ébahi, eut du moins la satisfaction de voir que sa voiture roulait
parfaitement sur le pavé.

La manière dont M. de T.........
a fait connaissance avec madame G....,
née à Tranquebar, dans les Indes,
est peu connue. Il dut cette connaissance presqu'au hasard; c'était sous le
Directoire, peu de jours après la nomi-
nation de M. de T.......... au ministère des relations extérieures. Madame
G.... arrivait de Londres, presque sans
ressources, et chargée par des émigrés
de quelques négociations peu importantes ; elle était descendue dans un

très - modeste logement garni, dans cette partie de la rue Saint-Nicaise, où plus tard eut lieu l'explosion de la machine infernale. L'arrivée de madame G.... suffit pour alarmer l'ombrageuse police, et elle était suivie partout, lorsque, ayant été faire une visite à la marquise de Sainte-Croix, sœur de l'avocat-général Talon, et par conséquent tante de madame du Cayla, madame de Sainte-Croix lui conseilla d'aller sur-le-champ trouver M. de T........., et de dire au citoyen ministre tout ce qu'elle pouvait savoir sur l'Angleterre. Madame G.... monte dans un fiacre, et se fait conduire, tremblante, rue du Bac, à l'ancien hôtel Galifé, où était alors le ministère des relations extérieures. Il était dix heures du soir quand elle y arriva, et ce ne fut pas sans beaucoup de difficultés que le suisse Joris consentit à la laisser pénétrer jusqu'aux appartemens du ministre. Elle y parvient enfin, et se fait annoncer comme une dame émigrée ayant les plus importantes révélations à lui confier; enfin, madame G.... est reçue dans un salon particulier; elle ne cache point les poursuites dont elle est l'objet, et demande un asile. Le ministre craint d'abord de se compromettre et refuse. Cependant la vue d'une femme en larmes, l'aspect de la plus belle chevelure blonde qui ait peut-être jamais existé, tout cela amollit le cœur diplomatique.

Car pour être ministre on n'en est pas moins homme! On donne donc immédiatement des ordres pour faire préparer dans le haut de l'hôtel une simple chambre pour la belle réfugiée, et le citoyen ministre, après l'avoir fait conduire dans son appartement, rentre dans le salon le sourire sur les lèvres. Cette gaîté n'échappe point aux regards de M. de Sainte-Foix et du duc de Laval. Le ministre ne leur cacha point quel genre d'hospitalité il venait d'accorder : on dit même que la conversation des trois amis aurait rappelé les vieillards de l'écriture sainte, si la belle émigrée eût mieux ressemblé à Susanne.

Le lendemain la politesse exigeait que le maître du lieu s'informât de la manière dont sa pensionnaire avait passé la nuit; elle parut plus belle encore à son réveil, et fut tout naturellement invitée à déjeûner, puis à dîner, puis enfin, madame G.... ne sortit plus de l'hôtel.

On n'a jamais accusé le gouvernement directorial d'un excès de rigorisme moral, et les Théophilanthropes ne tonnèrent point dans la chaire de Saint-Sulpice contre ce qu'il y avait d'irrégulier dans cette union improvisée; mais le premier consul, à peine maître du pouvoir, fut atteint d'un accès de matrimoniomanie qui faillit s'étendre jusque sur Cambacérès. Dans son zèle d'orthodoxie conjugale, Bonaparte signifia à son ministre des relations extérieures qu'il eût à se marier plus sérieusement : l'ancien évêque d'Au... retenait un peu M. de T........., lorsqu'un bref de la cour de Rome aplanit les difficultés; l'évêque fut relevé de ses voeux, et si quelque dévote du faubourg Saint-Germain persistait encore à voir dans M. de T......... un prêtre marié, nous lui faisons charitablement observer qu'elle méconnaît le pouvoir du Pape, et que, par ce seul fait, elle est protestante sans le savoir.

M. de T......... ayant donc résolu d'épouser madame G...., désira que la cérémonie se fît avec le moins de publicité possible. Le souvenir d'avoir appartenu à l'ordre ecclésiastique fut pour beaucoup dans ce désir. Les lois exigeaient alors que tous les mariages fussent célébrés le décadi, dans le chef-lieu du canton, immédiatement après la publication des actes du gouvernement. M. de T......... avait alors une maison de campagne à Epinay, dépendante du canton dont Pierrefite est le chef-lieu. Le ministre des relations extérieures ne douta pas qu'un maire de village ne montrât beaucoup d'empressement à se conformer à ses désirs. Il engagea donc le maire de Pierrefite à se rendre à un jour et à une heure indiqués à Epinay avec les registres de l'état civil, pour y prononcer son union et l'inscrire dans les formes ordinaires. Le maire était un propriétaire assez riche, fort indépendant, qui même avait été membre de la première administration de Paris avec MM. de La Rochefoucauld, Pastoret et de Lacépède. Il connaissait les devoirs que lui imposait la loi, et écrivit à M. de T......... pour lui témoigner ses regrets de ne pouvoir obtempérer à sa demande.

Ce mariage se fit donc à Paris où M. de T......... trouva un maire plus complaisant : mais jamais il ne témoigna le moindre ressentiment au maire de Pierrefite.

⭐ Cet acte clandestin fut bientôt la nouvelle de Paris, et causa beaucoup d'étonnement. La digne et respectable mère de **M. de T.........**, qui vivait encore, en fut profondément affligée, et ne voulut plus voir son fils; et, bien qu'elle n'eût d'autre revenu que la pension qu'elle en recevait, elle refusa obstinément cette pension, que M. de T.......... trouva cependant le moyen de lui faire accepter, en la faisant payer sous le nom d'un de ses frères tout nouvellement revenu d'émigration.

☞ Peu de temps après le retour de l'armée d'Egypte, et des savans qui avaient été témoins de cette glorieuse expédition, **M. de T.........** invita à dîner **M. Denon.** « C'est, dit M. de T......... à sa femme, un homme très-aimable, un auteur, et les auteurs aiment beaucoup qu'on leur parle de leurs ouvrages; je vous enverrai la relation de son voyage, et vous la lirez afin de pouvoir lui en parler. » En effet, M. de T......... fit porter dans la chambre de madame de T.. ...... le volume promis, et celle-ci l'ayant lu, se trouva en mesure de féliciter l'auteur placé à table à côté d'elle. « Ah! monsieur, lui dit-elle, je ne saurais vous exprimer tout le plaisir que j'ai éprouvé à la lecture de vos aventures.—Madame, vous êtes beaucoup trop indulgente. — Non, je vous assure; mon dieu que vous avez dû vous ennuyer, tout seul dans une île déserte ! Cela m'a bien intéressée. — Mais il me semble, madame, que... — Vous deviez avoir une drôle de figure, avec votre grand bonnet pointu? — En vérité, madame, je ne comprends pas... —Ah! moi je comprends bien toutes vos tribulations. Avez-vous assez souffert après votre naufrage !

— Mais, madame, je ne sais…— Vous avez dû être bien content le jour où vous avez trouvé Vendredi ! » — M. de T........,. avait donné à lire à sa femme, peu *liseuse*, comme disait la maréchale L......., les aventures de Robinson Crusoé.

☞ Cette pauvre maréchale L....... ! on a aussi recueilli ses mots caractéristiques, d'un tout autre genre que ceux de M. de T.........; mais celui-ci savait prendre à propos tous les styles. Un jour, par exemple, qu'étant encore femme d'un simple général, elle assistait chez M. de T........., à un dîner magnifique : « Mon dieu, lui dit-elle, vous nous avez donné un fier fricot ! cela a dû vous coûter gros. —Ah ! madame, vous êtes bien bonne, ça n'est pas le Pérou. »

CONSULAT.

—

M. de T........., malgré la supériorité de son esprit, n'est point exempt de cette faiblesse qui consiste à tirer vanité de l'heureux hasard d'une naissance illustre. Cependant il n'est pas de la branche aînée de la maison de Pé......, dont le chef est aujourd'hui le prince de Ch..... M. de T......... n'a pas dédaigné, dans la carrière de son ambition, de compter pour quelque chose la domination de sa branche sur la branche aînée. On a, avec raison, attribué à ce désir le soin qu'il prit, lors de la formation de la garde Royale, de faire donner au prince de Ch.... le commandement d'un régiment de cuirassiers ; et, en même

temps, à son neveu, aujourd'hui duc
de ***, le commandement de la brigade
dont ce régiment faisait partie, afin de
placer l'aîné des Pé...... sous les ordres d'un membre de la branche cadette.

Dans une autre circonstance, M. de
T......... laissa éclater plus visible-
ment cette morgue du rang. Il a, d'ailleurs, une expression particulière pour
peindre cette espèce de gaucherie long-
temps reprochée à ce qu'on appelait
des parvenus : « On voit, dit-il, qu'il
n'y a pas très-long-temps qu'ils mar-
chent sur du parquet. » Quant au fait
que j'ai en vue, le voici :

Il faut se rappeler que sous le directoire et au commencement du consulat,
il régnait dans la société une égalité de
fait qui n'admettait aucune distinction
de rang, du moins entre les personnes

recues dans le même salon. Les artistes
de tous genres, ces hommes qui con-
tribuent le plus au bonheur, ou, tout
au moins, aux plaisirs, étaient partout
fêtés, accueillis, et aucune ligne de
démarcation ne séparait les citoyens
artistes des citoyens-ministres. M. de
T........., le premier, rétablit cette
ligne de démarcation, après un bal
brillant donné au ministère des relations extérieures. Des danseurs, des
danseuses de l'Opéra y avaient été in-
vités en assez grand nombre; alors, on
était dans l'excellent usage de faire
toujours suivre un bal par un souper.
Au moment donc où l'on annonça que
le souper était servi, lorsque déjà Ves-
tris, selon sa coutume, s'avançait pour
donner la main à l'une des dames les
plus distinguées de la société, M. de
T......... fit dire aux artistes que

leur couvert était mis dans une autre salle, ce qui leur causa un vif mécontentement; cela même fit une espèce d'esclandre, dont on parla pendant quelques jours dans Paris.

Ce n'était pas seulement de la part de M. de T......... une petite impolitesse calculée; c'était en même temps une leçon indirecte donnée au chef de l'état sur les distances sociales, leçon dont celui-ci ne profita que trop par la suite. Peu de jours auparavant, les trois consuls avaient assisté, à Versailles, à un grand dîner où se trouvait l'élite des acteurs et des actrices de Paris, et les journaux annoncèrent officiellement que, pour se rendre du salon dans la salle à manger, le premier consul avait donné la main à mademoiselle Contat, Cambacérès à mademoiselle Devienne, M. Lebrun à mademoiselle Mézerai. La leçon était-elle bonne ou mauvaise ? Nous ne savons ; mais, quatre ans après, M. de T......... se tenait de bout derrière le fauteuil d'un empereur, pendant les dîners d'apparat.

A peu près à la même époque, M. de T......... voulut encore ramener quelques anciens usages entièrement oubliés. Depuis la révolution on n'avait pas entendu parler d'une chasse privilégiée. M. de T........., qui habitait alors à Neuilly la délicieuse maison qui appartient aujourd'hui à M. le duc d'Orléans, voulut en donner le spectacle au premier consul. Il n'y avait qu'un petit inconvénient, c'était l'absence totale de gibier dans le parc. Une telle difficulté n'arrêta point M. de T.......... Il fit acheter sur le quai de la Vallée deux ou trois cents lapins que l'on dissémina dans les bois, et au jour venu la chasse commença. Mais ces pauvres animaux domestiques, bien loin de fuir les chasseurs, s'étaient tous réunis aux portes du château et se jetaient dans les jambes du premier consul que cette chasse manquée divertit beaucoup, et l'on décida que le sang des lapins conscrits de M. de T......... serait épargné.

Personne n'avait, plus que M. de T........., contribué à l'établissement du consulat. Dans les premiers temps de ce gouvernement, personne, plus que lui, n'était enthousiaste de ce que faisait le premier consul; cependant il advint une circonstance délicate pour le ministre des affaires étrangères : le premier consul, voulant allier sa famille à de bonnes maisons, n'avait pas encore marié sa sœur Pauline au prince Borghèse, par l'entremise du chevalier Angiolini, ministre de Toscane en France; il désirait faire épouser à Lucien, son frère, alors ministre de l'intérieur, mademoiselle Mélanie de Pé......, fille du comte Ar......... aujourd'hui duc de Pé......; M. de T......... ne se souciait pas beaucoup de ce mariage, mais sa position exigeait qu'il eût l'air d'y donner les mains. On apprit tout à coup, au château des Tuileries, que Mélanie venait d'épouser M. Juste de N......... Quand ce mariage fut connu, M. de T........., pour tout ménager, se hâta de dire au premier consul que cela s'était fait contre son gré; et en même temps il envoya à sa nièce un cadeau de noce : ce cadeau c'était une orange.

☞ Un banquier, que M. de T......... avait reçu plusieurs fois, lui écrivit un jour pour lui demander une audience; l'audience fut accordée : c'était peu de temps après le procès de Georges, de Pichegru et de Moreau, M. de T......... était alors ministre des affaires étrangères. Le bruit de la mort de George III s'était répandu dans Paris, et cette nouvelle devait avoir une grande influence à la bourse. Notre spéculateur indiscret ne cacha point au ministre le motif de l'audience qu'il avait sollicitée. M. de T........., avec le plus imperturbable sérieux, lui répondit : « Les uns disent que le roi d'An-
» gleterre est mort, les autres disent
» qu'il n'est pas mort; pour moi, je ne
» crois ni les uns ni les autres ; je vous
» le dis en confidence, mais surtout ne
» me compromettez pas. »

➛ On connaît cet axiôme de M. de T......... « la parole a été donnée à » l'homme pour déguiser ses senti- » mens. » Cependant il lui est arrivé, dans une circonstance délicate , de tromper par un moyen tout différent. Le chevalier d'Azara , ambassadeur d'Espagne, du temps du Consulat, avait surpris ou acheté la confidence d'un projet tenu fort secret, qui intéressait vivement sa cour. La police de Fouché en fut instruite; comme Fouché n'ai- mait pas M. de T........., il n'eut rien de plus pressé que d'aller faire part de sa découverte au premier consul. Bonaparte manda immédiatement le ministre des affaires étrangères, et s'emporta sur la trahison, ou tout au moins l'indiscrétion de ses agens. Le ministre, d'abord un peu interdit, se remit promptement, et dit au premier consul que rien n'était plus facile à réparer; qu'il allait tout de suite faire une visite à l'ambassadeur et que tout serait arrangé dans la journée.

Le ministre se rendit en effet chez l'ambassadeur; et, après les politesses d'usage, il lui dit que depuis quelques jours il avait l'intention de lui faire quelques ouvertures confidentielles sur un projet qui intéressait vivement les deux cabinets. Il lui confia alors tout ce que l'ambassadeur savait; et comme le ministre mettait à ses révélations un grand ton de bonne foi, M. d'Azara, quand M. de T......... fut sorti, ne douta pas que la confidence n'eût été une fausse confidence, et que même il n'eût été trompé par un agent à deux fins dans les premiers documens qu'il s'était procurés. Il expédia donc un courrier pour Madrid, afin d'engager le cabinet espagnol à regarder comme nul et non avenu le contenu des dépêches qu'il avait envoyées la veille. Ce tour d'adresse diplomatique ne fut su que d'un très-petit nombre de personnes; et M. de T........., dans cette occasion, faisant allusion aux ambassadeurs, s'appliqua ces vers de Manlius :

En me déguisant moins je les trompe bien mieux,
Sous mon audace , ami , je me cache à leurs yeux ;
Et préparant contre eux tout ce qu'ils doivent craindre,
J'ai même le plaisir de ne pas me contraindre.

Arrivé à Paris après son retour d'Egypte , Bonaparte , sachant que M. de T.......... avait lu au cercle constitutionnel de la rue de Lille , un discours, dans lequel il proposait l'adoption de l'ancien plan du duc de Choiseul, qui consistait à établir des

coloni.. françaises sur les côtes d'A-
frique, le résultat de ces conférences
fut une très-grande confiance dans les
vues politiques de M. de T........,
qui se trouva dès-lors désigné *in petto*,
pour être ministre des affaires étrangères sous le gouvernement que médi-
tait le général, d'accord avec Sieyes et
quelques autres hommes influens. Les
événemens suivirent leur cours, les
Républicains eurent, à Saint-Cloud,
leur journée des dupes. Bientôt M. de
T......... acquit une grande influence
dans le conseil; la politesse de ses manières, sa fortune, déjà considérable,
surtout l'emploi honorable qu'il en
faisait, le plaçaient, pour la société,
dans une position à part, et on dit au
premier consul qu'il possédait des tré-
sors. Bonaparte lui demanda un jour s'il
était vrai qu'il fût riche. — Oui, ci-

toyen consul. — Comment cela se peut-il? — J'ai acheté beaucoup de rentes la veille du 18 brumaire, et je les ai revendues le lendemain. Flatterie d'autant plus délicate qu'elle exprimait une grande vérité.

➥ Les eaux de Bourbon l'Archambault, situées à six lieues de Moulins, sont très favorables à la santé de M. de T........., et il va prendre ces eaux au moins de deux années l'une. Une personne digne de foi, qui s'y trouvait en 1803, nous a souvent raconté, sur le séjour de M. de T........., à cet antique berceau de la maison de Bourbon, des particularités que nous n'avons point oubliées.

Le ministre des affaires étrangères avait, aux eaux de Bourbon, une petite cour composée de quelques personnes qu'il amenait de Paris, des principales autorités des départemens voisins, et des solliciteurs de bonne compagnie de la province. Madame de T......... était encore très-belle à cette époque, et pleurait avec une facilité qui aurait fait envie à Artémise. C'était surtout lorsque M. de T......... grondait la délicieuse petite Charlotte (aujourd'hui la baronne Alexandre de T.........) qui alors prenait des leçons de lecture, que ces larmes coulaient avec le plus d'abondance. Ces larmes, il faut le dire, ne paraissaient pas émouvoir beaucoup celui qui les faisait répandre, et les noirs sourcils de M. d'Hauterive ne s'en fronçaient ni plus ni moins.

M. d'Hauterive était du voyage avec deux autres secrétaires du cabinet des affaires étrangères ; et Madame de T......... avait, pour lui tenir compagnie, madame de Bonneuil, la mère de madame Regnault de Saint-Jean-d'Angeli. Madame de Bonneuil âgée alors de près de soixante ans, était la femme la plus extraordinaire, peut-être, qui ait jamais existé pour son étonnante conservation; son esprit et son amabilité n'avaient pas plus vieilli que son visage encore charmant, et elle avait pour les jeunes gens une extrême indulgence. Là, se trouvait aussi le baron Saint-Étienne, ancien écuyer de Louis XVI, l'un des hommes que M. de T......... a le plus aimé et le plus estimé, qui n'avait point d'autre hôtel que le sien lorsqu'il venait à Paris, et qui jamais pourtant n'avait cessé d'être fidèle à ses anciens souvenirs, à ses vieilles affections.

➣ Le docteur Faye, médecin des

eaux, ne manquant point de mérite, mais le plus pédant peut-être des médecins qui ont existé depuis Molière, était quelquefois l'objet de la raillerie de son illustre malade, mais de cette raillerie fine et délicate qui ne fait qu'effleurer l'amour-propre. La manie du docteur était surtout de larder sa conversation de bon nombre de citations latines. Un jour, à souper, il prononça très-solennellement cette sentence : *plus aere vivimus quam cibo;* ce qui fit rougir ces dames, qui pourtant n'y comprenaient rien. M. de T........., fort gai ce jour là, leur en donna une explication, que malgré toutes les précautions oratoires, il nous est impossible de rapporter. La comtesse d'Escarbagnas seule serait sur la voie, à cause de l'horreur que lui inspiraient certaines syllabes.

➤ M. de T......... ne dédaignait point non plus de causer avec le barbier qui venait le raser tous les matins. Il savait par lui toutes les petites aventures du pays, et connaissait les intrigues qui s'établissent ordinairement entre les baigneurs et les baigneuses; car il était bien rare que ceux qui venaient à Bourbon l'Archambault pour leur santé fussent reçus chez le ministre. Le lendemain même de son arrivée, M. de T.......... avait demandé à son barbier ce qu'il y avait de nouveau en politique, à quoi celui-ci avait répondu très gravement : « puisque » *mon excellence* vient de Paris, elle » doit le savoir mieux que moi; » réponse bien faite pour divertir un ministre des affaires étrangères, alors l'âme du conseil du gouvernement.

➤ On jouait tous les jours au wisth chez M. de T........., car il a passé peut-être plus d'heures dans sa vie à jouer au wisth qu'à la diplomatie, et même qu'à lire son bréviaire quand il était encore abbé de Pé...... ou évêque d'Au.... Un de ses anciens abbés commandataires, l'abbé de la Romagère, alors curé dans un chef-lieu de canton du département de l'Allier, vint cette année passer quelques jours chez son ancien évêque, aux eaux de Bourbon l'Archambault. C'était un homme très-gai, très-aimable, fort instruit, qui se livrait facilement, qu'un peu de champagne ou de punch rendait très-communicatif, et que M. de T......... se plaisait à faire causer.

Un soir, vers la fin du souper, l'abbé de la Romagère plus entraîné encore que de coutume, plus stimulé par les encouragemens de son hôte, raconta comme il venait tout récemment de remplir de doubles fonctions dans une cérémonie nuptiale, pasteur le matin et chansonnier le soir. M. de T...... .. voulut absolument que l'abbé chantât sa chanson, ce qu'il fit sans trop se faire prier. En voici un des couplets dont nous pouvons garantir l'exactitude et l'authenticité.

> D'abord le contrat du notaire
> Puis sermon de la Romagère
> Tout le matin.
> On dormait mal sur une chaise,
> Au lit on le fit plus à l'aise
> Le lendemain.

Cette saillie fut couronnée par un élan d'hilarité générale, par laquelle pourtant M. de T......... ne fut point entraîné ; il garda ce sérieux imperturbable, cette impassibilité diplomatique qui semble s'exercer continuellement même sur des riens; mais bientôt se tournant vers M. d'Hautcrive : « Vous » avez entendu l'abbé; il faut le faire » évêque!» Il le fut peu de temps après, et il l'estpeut-être encore : que l'on ne dise pas après cela que les chansons ne sont bonnes à rien.

Ces soupers de Bourbon l'Archambault avaient un charme inexprimable, car nulle part M. de T......... ne se trouvait en aussi petit comité, et nulle part il n'était plus aimable. Un rien suffisait quelquefois pour l'amuser et servait de texte à une causerie délicieuse, il y ressemblait par moment à un grand enfant savourant les heures de la récréation. Il y parlait plus qu'il ne le fait partout ailleurs; se confiant au laisser-aller de son esprit, comme un rameur qui se repose en abandonnant sa barque au cours de l'eau. Les souvenirs graves et sérieux interrompaient quelquefois ses faciles rêveries, et ses narrations n'étaient pas moins attachantes que ses saillies n'avaient de piquant et de gaîté. C'est dans un de ces momens d'abandon qu'après avoir raconté le plaisir qu'il éprouvait quand on cassait de belles assiettes chez le chevalier d'Azara, parce que cet ambassadeur d'Espagne était très-avare, il s'arrêta un moment, prit un air plus sérieux, et se tournant vers M. d'Hauterive : « Non, d'Hauterive, soyez en » sûr, lui dit-il, il n'y a point de sta- » bilité à espérer pour un gouverne- » ment nouveau, sans alliance; il faut » au premier consul et à la France une » grande alliance, une alliance de

» famille. » M. d'Hauterive , comme tous les autres convives, écouta en silence, et le ministre n'en ayant pas fini avec son chevalier d'Azara, assura qu'il lui était arrivé, quand il allait dîner chez cet ambassadeur, de recommander quelquefois aux valets qui venaient le servir à table de casser quelque chose de prix afin de voir se contracter la figure du noble Espagnol. « Il est si » avare, ajouta-t-il, qu'un jour mon » médecin m'ayant recommandé de » prendre pendant quelque temps du » chocolat d'Espagne, je m'adressai à » M. d'Azara pour en avoir ; il m'en » envoya trois livres. Quelque temps » après, à la fin d'une réunion diplo- » matique au ministère, voyant que » l'ambassadeur d'Espagne ne sortait » pas, je m'approchai de lui pour lui de- » mander s'il avait quelque communi-

» cation particulière à me faire. —Non,
» dit-il, c'est une bagatelle , mais ces
» petites choses là s'oublient. — Quoi
» donc? — C'est moins que rien , mais
» nous avons un petit compte ensemble,
» les trois livres de chocolat que
» je......... » Tout le monde interrompit M. de T......... par un éclat de
rire ; quand, lui, revenant à sa pensée
précédente , interpella de nouveau
M. d'Hauterive en lui disant : « Il n'y a
» pas de doute, il faut une alliance de
» famille; mais voilà la difficulté. Deux
» grandes familles seules existent en
» Europe : la maison de Bourbon et
» la maison d'Autriche ; il faudrait
» épouser l'une et perdre l'autre. »

☛ Lorsque, sous le consulat, M. Le-
vingston, envoyé des états-unis d'Amérique, près du gouvernement français,

fit une première visite au ministre des relations extérieures, il dut être un peu étonné de la première allocution de M. de T.......... Avant d'entrer dans aucun propos : « Avez-vous de » l'argent? lui demanda-t-il. — Mais, » citoyen ministre, voilà une ques- » tion.... — Toute simple; avez-vous » de l'argent? — Oui, sans doute. — » Tant mieux. Avez-vous beaucoup » d'argent? — Je ne sais vraiment ce » que je dois penser..... — C'est qu'il » faut de l'argent, il faut beaucoup, » beaucoup d'argent, sans quoi on ne » réussit à rien dans ce maudit pays. » Était-ce un avis?

Un habile médecin de Paris, frère d'un des plus honorables élus de la France, joignait au culte d'Esculape, un culte non moins prononcé pour

Comus; bref, M. le docteur Co....d passait sous le consulat pour être très-gourmand. Il venait souvent chez M. de T........., qui habitait alors le pavillon de la Muette pendant la belle saison. Les visiteurs étaient fort nombreux sans compter la douairière de Cambise et ses inséparables petits chiens. Le riche M. Séguin, celui qui tient en ce moment M. Ouvrard en charte privée, vint aussi chez le ministre sous les auspices du docteur. M. Séguin avait fait un séjour enchanté de l'île située près de l'ancien pont de Sèvres à laquelle il a donné son nom : sa qualité de voisin de campagne lui fit concevoir le projet d'avoir un jour chez lui le ministre à dîner, comme pour avoir l'honneur de lui faire voir son habitation. Le docteur, à qui M. Séguin s'en ouvrit, fut chargé de la négociation. Après plusieurs refus, M. de T......... accepta, mais à la condition expresse que l'on ne serait que douze à table, et que lui, M. de T........., désignerait tous les convives, à l'exception du maître de la maison qu'il voulait bien regarder comme invité de droit. La condition fut acceptée, et, le jour étant fixé, le docteur se donna tous les soins imaginables pour que le dîner de M. Séguin, dont il comptait bien avoir sa part, fût digne de l'hôte qu'il recevait. Mais, hélas ! M. Co... avait compté sans cet hôte, car M. de T........., lui ayant remis la liste des conviés, il n'y trouva pas son nom. Comme il en paraissait surpris. « Eh bien, docteur, qu'avez-vous donc? Ah! parce que je ne vous ai pas invité chez Séguin? Non; j'ai pensé que nous nous voyions assez souvent ici. » Le fait est que M. de T......... n'avait accepté l'invitation de M. Séguin que pour le plaisir de faire manquer un bon dîner à un docteur gourmand, tant il y a souvent d'enfantillage dans l'esprit de ceux que l'on a l'habitude de regarder comme des hommes supérieurs.

— Un baron, très-habile chasseur, eut un jour le désir d'être présenté chez M. de T.........; il s'adressa pour cela au vieux Ste.-Foix, qui, avec le feu duc de Laval et M. de Montron était des plus intimes parmi les familiers du prince. Le jour de la présentation fut arrêté, et le baron fit son entrée dans le salon de la rue d'Anjou. M. de Montron fut chargé de *l'essayer*, c'est-à-dire de le faire causer pour savoir s'il était digne d'être admis. Alors le dia-

logue suivant s'engagea entre eux :
« Eh bien, monsieur le baron, est-ce
que vous êtes ce fameux chasseur
dont j'ai tant entendu parler? — Il
est vrai que je suis d'une certaine
force.... — D'une certaine force! dites de la première; et ce m'est une
grande satisfaction que d'avoir l'honneur de faire connaissance avec vous. —
Vous êtes trop bon. — Dites-moi un
peu, monsieur le baron, est-ce que
vous ne manquez jamais de perdreaux?
— Presque jamais. — Au vol? — Puisque vous aimez la chasse, vous devez
savoir que les perdreaux sont bien
plus faciles à tuer au vol que dans le
sillon. — Et les lièvres? — C'est un
des coups de fusil les plus faciles. —
Et les lapins? — Je ne crois pas en
avoir manqué un depuis trois ans. —
Et les bécasses? — C'est une chasse

fort agréable, mais presque sans difficulté.» Après avoir passé en revue
tout le menu gibier, M. de Montron
s'adressant au cercle qui écoutait ce
colloque : « Ma foi, messieurs, dit-il,
monsieur le baron est bien le plus
grand chasseur qui ait jamais existé,
il tue tout.» Puis s'avançant vers
M. de T......... : « C'est un grand
chasseur; il tue tout : perdreaux,
lièvres, lapins, bécasses, faisans, etc.
— En ce cas, mon cher Montron, je
vois qu'il ne nous reste plus qu'à
chasser la grosse bête. »

Lorsque M. de T......... revint
de sa première ambassade, l'empereur
lui demanda : Que pense-t-on de moi
dans les cours du nord ? — Sire, dit le
courtisan, les uns pensent que vous
êtes un Dieu, les autres un diable;

mais aucun ne vous croit un homme.

> « Et que dira le faubourg Saint-Germain? » était une de ces expressions dont l'ironie fut familière à Napoléon. Après la victoire d'Austerlitz, et les faveurs dont il avait comblé M. de Narbonne, il crut que la mère de ce général, une des plus vieilles et des plus entêtées aristocrates dont il subissait l'opposition, était enfin gagnée. « Votre mère m'aime-t-elle cette fois? demanda-t-il à son aide-de camp. Celui-ci était embarrassé de répondre, M. de T......... s'avança. — Sire, madame de Narbonne n'en est encore qu'à l'admiration. »

> Dans les *Mémoires d'une Contemporaine*, ce qui a le plus frappé les belles dames c'est l'histoire des papillottes

faites avec des billets de *mille francs.*
Ce passage a été lu, médité, com-
menté tout haut, tout bas par les élé-
gantes à cachemire comme par les de-
moiselles en tablier vert ; et on en a
peut-être moins rêvé sous les tuiles
de la mansarde qu'au milieu des dra-
peries du boudoir. L'auteur se met
du reste en scène avec trop de bonne
grâce pour que nous ne conservions
pas le texte d'un récit digne de la sul-
tane des *Mille et une nuits.*

« Il est impossible de retrouver d'autres vestiges de son premier état
que la forme de sa coiffure ; il n'a
conservé de l'ancien régime que la
poudre et ses bonnes manières. Mais
quand on sait qu'il est prélat, on
reste dans une incrédulité parfaite
sur ses vertus religieuses. Il est vrai
que ce ne sont point celles-là qu'en

lui j'eusse pu apprécier ; ses avantages extérieurs ne paraissent au premier abord guères plus saillans, mais ce qu'il possède, il le fait valoir avec ce soin industrieux, quoique non affecté, où excellent les personnes qui, sachant ce qu'elles ont de mal, donnent à ce qu'elles ont de bien ce relief agréable dont leurs imperfections se couvrent avec bonheur. La physionomie embellit la laideur même ; qu'on juge de son effet sur des traits gracieux et fins. Un certain voile étendu sur des yeux dont la pénétration était presque un proverbe *lui empruntait* un charme tout particulier. Quand il était debout, on faisait la part de ses qualités avec restriction ; mais assis et à regarder causer, l'éloge ne devait avoir aucune réserve ; M. de T......... est un homme qu'il fallait juger sur un canapé.

» Je crois qu'un des grands secrets de la supériorité qui lui a fait exercer tant d'empire sur ceux qui l'ont approché, c'est, d'une part, l'apparente légèreté, le laisser-aller insouciant qu'il montre dans les grandes affaires, et l'attention et presque l'importance qu'il met à écouter et à dire dans les relations presque frivoles de l'intimité. On peut avoir autant d'esprit dans ses propos, mais il est impossible d'en laisser percer davantage dans ses réticences. Il y a toujours je ne sais quel sous-entendu piquant dans ce qui s'échappe de sa conversation. Une épigramme a presque l'air d'être en même temps une confidence, et cet abandon, dont on sent qu'il reste le maître, captive au point qu'on croit devoir lui en savoir gré, comme d'une préférence, et lui en garder le secret comme d'un mystère.

»Toutes les fois que je voyais ce ministre puissant, et pourtant si aimable, cet abbé de la vieille cour, dictateur secret de la diplomatie d'une république, je torturais ma petite érudition pour tâcher de le comparer à quelqu'un des grands noms de l'histoire. Je n'allais jamais au ministère sans y passer plus de deux heures. Mes cheveux surtout excitaient les gracieuses attentions de M. T........., et ils furent un jour, de sa part, l'objet d'un travail fort bizarre. Ses doigts en avaient tant admiré les blondes tresses, qu'il les avait mis dans un désordre dont on ne devinerait jamais la réparation. La main qui signait pour la France des traités de paix, voulut elle-même mettre fin à la mutine indignation que ce désordre m'avait causée, et me traiter comme une puissance dont il fallait racheter la guerre. Voilà donc le ministre prenant une à une les boucles flottantes, les roulant dans un papier fin et délicat, les multipliant, les arrangeant toutes sous mon chapeau, exigeant que l'édifice restât ainsi jusqu'à mon retour chez moi, où j'arriverais, disait - il, avec une chevelure un peu moins belle que quand il l'avait bouleversée.

» Je poussai la patience aussi loin qu'il poussa la galanterie, et m'apercevant qu'il s'était servi de billets de mille francs en guise de papillottes, je prenais et reprenais les mèches de cheveux en disant : « Monseigneur, en voilà encore une. »

—

➤ M. d'Ali... fut un des premiers, parmi les anciens parlementaires, qui s'attachèrent au système impérial; il obtint d'être nommé chambellan de madame Murat, alors grande-duchesse de Berg, à laquelle il passait pour être aussi attaché que peut l'être un chambellan. Dès lors il fut informé de la possibilité où il aurait été de s'élever des salons d'honneur d'une princesse, jusques aux salons d'attente de l'empereur. Il répondit à ces insinuations qu'il aimait mieux rester auprès de madame Murat. M. de T......... alors grand chambellan, fit sur cela un rapport à l'empereur; Napoléon commençait à se fâcher de ce qu'on préférait le service d'une de ses sœurs au

sien, quand M. de T........ l'apaisa par ce petit discours : « Sire, de la part d'un
» autre cela serait inexplicable ; mais
» d'Ali... C'est tout simple. Président
» du parlement ; son père, président ;
» son grand-père, président ; il faut
» bien qu'il soit le chambellan d'une
» femme..... Il a à soutenir l'honneur
» de la robe. »

Le comte Louis de Narbonne, que l'empereur aimait tant, et qui mourut à Torgau, à la suite de ses blessures, après la campagne de Dresde, était un des hommes les meilleurs et les plus aimables qui aient existé. Il avait dans le caractère et les manières quelque chose du duc de Lauzun ; mais comme homme, il valait mieux que le mari de la charmante et malheureuse Amélie de Boufflers. M. de T........ a été très-inti-

mement lié avec tous les deux; et quand
on publia les *mémoires du duc de Lauzun,*
il crut devoir réclamer dans le *Moniteur*
contre l'authenticité de ces mémoires,
ce qui fut probablement plus un hommage à l'amitié qu'à la vérité. Quant à
M. de Narbonne, un jour qu'ils se pro-
menaient ensemble sur la terrasse de
l'eau, le comte Louis lui récitait des
vers de sa façon; M. de T......... l'interrompit pour lui montrer un homme
qui bâillait : « Narbonne, lui dit-il, re-
» garde donc, tu parles toujours trop
» haut. »

➣ Lors de l'apparition des *Martyrs*
de M. de Chateaubriand, cet ouvrage
excita un tel empressement que l'on s'en
disputait, dans tout Paris, les premiers
exemplaires. Les Martyrs étaient l'objet
de toutes les conversations. M. de Fon-

tanes, fidèle ami de l'auteur, malgré sa disgrace et quoique courtisan lui-même, était le plus ardent admirateur de la nouvelle production d'un homme de génie. Invité à dîner chez M. de T........ qui n'avait pas encore lu les Martyrs, M. de Fontanes en fit une analyse toute d'enthousiasme, et finit par dire comme quoi Eudore et Cimmodocée étaient jetés dans le cirque et dévorés par les bêtes. « C'est comme l'ouvrage, » dit M. de T.........

➤ M. de T.......... avait accompagné l'empereur à Tilsitt. Comme on devait y séjourner assez long-temps, il songea à y faire quelques provisions pour sa maison. Le lendemain donc de son arrivée, il voulut faire acheter du vin de Bordeaux et surtout du vin de Madère, boisson indispensable à la table d'un négociateur; mais il n'en restait plus chez aucun marchand; tout avait été retenu pour la bouche de l'Empereur par M. Daru, intendant général de la couronne. Il fallut donc avoir recours à l'intendant général, très-heureusement traducteur d'Horace: aussi M. de T......... lui écrivit-il: « Mon cher Daru, je suis » persuadé d'une chose, c'est qu'en tra- » duisant Horace, lorsque vous êtes venu » à cette ode délicieuse qui commence » par ces mots : *nunc est bibendum,* » vous n'avez pas pensé qu'Horace con- » seillât de boire de l'eau; c'est pour- » tant où j'en serais réduit, si vous ne me » cédiez pas un peu des provisions que » vous avez faites pour l'Empereur. »

Le général Dorsenne, un des plus beaux hommes de l'armée quand il avait les bottes, était du petit nombre

de nos braves qui n'avaient pu, se fa-
çonner aux manières de la cour. Étant
un jour invité à dîner chez M. de
T......... qui occupait alors la jolie maison de M. de Crawfort, rue d'Anjou ,
faubourg Saint-Honoré, le général se
fit attendre assez long-temps ; on était
à table depuis quelques minutes quand
enfin il arriva. « Pardon , Général , lui
» dit le prince de B.... mais ces dames
» avaient grand faim , et vous savez que
» les dames n'attendent jamais. — Ah!
» Monseigneur , dit le général un peu
» confus de cette facile urbanité , ex-
» cusez-moi ; j'ai eu beaucoup d'affaires
» toute la matinée , et , encore tout à
» l'heure, au moment où j'allais monter
» en voiture pour me rendre chez votre
» altesse , j'ai été importuné par un
» maudit *pékin* qui m'a retenu plus
» d'un quart-d'heure. — Général, re-

» prit le prince, oserais-je vous de-
» mander pour mon instruction parti-
» culière, ce que c'est qu'un *pékin?* —
» Ah! mon Dieu, Monseigneur, vous
» avez fait attention.... C'est un dicton
» de camp.... Nous avons l'habitude
» d'appeler *pékin* tout ce qui n'est pas
» militaire. — Comment donc? mais....
» C'est très-bien cela.... Vous appelez
» *pékin* tout ce qui n'est pas militaire?...
» C'est comme nous : nous appelons
» militaire tout ce qui n'est pas civil. »

Le général Montbrun aussi, se fit
un jour attendre à dîner chez M. de T.
et se hâta de s'excuser. La réponse fut
bien différente, car le général Montbrun
était le héros de prédilection de M. de
T......... — «Eh bien! eh bien! vous
» venez le dernier; qu'est-ce que cela
» prouve? C'est que vous n'étiez pas

» invité à venir sur un champ de ba-
» taille ; car alors, mon cher Bayard,
» vous seriez arrivé le premier. »

⮞ Tous les bons mots ne sont heureusement pas des épigrammes, et si
l'esprit ne servait qu'à dire des méchan-
cetés, ce serait plutôt une qualité fu-
neste qu'un don heureux de la nature.
Avec les femmes, surtout, il est de certains complimens où la grâce de l'esprit
français se déploie sans avoir recours à
la fadeur des madrigaux. Un jour quelqu'un demandait à M. de T.........
l'adresse de la princesse de Vaudemont:
—Rue Saint-Lazare, répondit-il; puis,
la dénomination du N° de l'hôtel lui
échappant : « Au surplus, ajouta-t-il,
» vous n'aurez qu'à demander au pre-
» micr pauvre que vous rencontrerez;
» ils connaissent tous sa demeure. »

➻ Ce que l'on nomme vulgairement la mystification, s'appelle, en bonne compagnie, le persiflage. Or, personne, peut-être, n'a-t-il été plus adroit que M. de T........., dans l'exercice de cet art, qui consiste à se moquer des gens sans qu'ils s'en aperçoivent. Le persiflage n'est précisément ni une qualité ni un défaut, c'est plutôt une disposition d'esprit à laquelle on cède involontairement. Un homme d'un rang élevé qui abuserait de sa position pour persifler un pauvre diable, ferait une action lâche et indigne; mais avec ceux qui manifestent des prétentions à obtenir des distinctions sociales, on ne doit pas y regarder de si près. Ainsi, un soldat doit être fort content quand il voit mettre aux arrêts le capitaine qui l'a puni.

Lorsque l'empereur eut pris la résolution , peut-être fatale à sa destinée, d'entourer son trône nouveau d'une noblesse nouvelle, on vit surgir partout une foule de prétentions nobiliaires, et déjà dans quelques salons on commençait à se donner courtoisement d'anciens titres abolis par l'assemblée constituante. M. de T........., beaucoup plus fier de l'ancienne illustration du nom de Pé......, que de ses titres nouveaux , assistait à la lutte de tant de vanités comme à un spectacle où plusieurs fois il devint acteur sans préméditation.

Ainsi, M. François, député de la ville de Neuf-Château, dont il avait toujours conservé le nom, et presqu'uniquement le nom, ne le faisant plus, dans sa signature, précéder que d'un F. initial, ne cacha point à M. de T......... la satisfaction qu'il éprouvait à être Comte ; mais ce n'était pas tout, malgré l'orthographe de son nom, il laissa percer la prétention de pouvoir (s'il attachait la moindre importance à de semblables niaiseries) s'enter, à l'aide de papiers de famille, sur une maison fort ancienne, dont il croyait descendre. « Mais, c'est bien possible, » lui dit M. de T........., c'est peut- » être par les Neuf-Château ! »

Une autre fois, le maréchal Bessières, nouvellement créé duc d'Istrie, ayant rencontré M. de T.......... dans un salon des Tuileries, alla au-devant des complimens que celui-ci allait lui faire sur son titre de duc. — « Parbleu, dit le maréchal, je ne vous cache pas que je suis enchanté d'être duc, car on ne se gênait guères même ici pour donner des titres aux nobles de l'ancien régime. Rien ne m'était plus insupportable que de m'entendre continuellement corner aux oreilles, le comte de Ségur par-ci, le comte de Ségur par-là ; au moins, à présent, on dira aussi le duc d'Istrie. — Mon dieu, M. le maréchal, lui répondit M. de T........., qui se donna bien de garde en cette circonstance de l'appeler M. le duc, mon dieu, M. le maréchal, c'est la chose du monde la plus simple que cela, et je ne conçois pas comment vous avez pu être choqué d'entendre dire : le comte de Ségur. Vous voyez bien ; M. de Ségur avait un père, on l'appelait le comte de Ségur ; quand son père est mort, on a dit au fils : le comte de Ségur, et ça est resté. Vous, M. le maréchal, quand madame votre mère vous a mis au monde, on a dit : madame Bessières a un fils, ce qui a sans doute causé une grande joie dans votre famille ; on a pris l'habitude de vous nommer M. Bessières. Eh bien, ce n'est pas autre chose que cela, M. Bessières, le comte de Ségur. »

⟶ Dans une autre circonstance, M. de T......... fit un singulier compliment au chambellan d'une princesse. C'était un ancien duc et pair ; l'empereur venait de le nommer Comte, et il en était très-fier. « Je vous félicite bien sincèrement, lui dit M. de T......., car il faut espérer qu'à la première promotion vous serez baron. »

⟶ M. de T......... arrivait en poste à Paris, par la barrière d'Italie, avec un étranger de distinction, qui s'empressa de lui demander à quel édifice appartenait le dôme qu'il voyait s'arrondir dans les airs. « Au Panthéon, dit le prince. — Oh! oh! reprit l'étranger, c'est là que la patrie reconnaissante placera la dépouille mortelle des grands hommes qui l'auront illustrée? — Justement..... On y met des sénateurs en attendant. »

➤ Madame Hamelin reprochait un jour à M. de Montron de trop aimer M. de T......... « Eh! mon dieu, Madame, répondit naïvement M. de Montron, qui est-ce qui ne l'aimerait pas : il est si vicieux. »

➤ Ce même M. de Montron, connu de tout Paris, et qui long-temps donna le ton aux jeunes gens de la capitale, quoiqu'il ne fût déjà plus de la première jeunesse, est un personnage inséparable de M. de T......... ; autrefois grand duelliste, toujours gros joueur, ayant résolu le difficile problème de dépenser beaucoup d'argent sans avoir de fortune et sans faire de dettes; M. de Montron ne fut jamais, même sous l'empire, partisan du gouvernement impérial; bien plus, il manifestait assez hautement son opposition, ce qui lui valut une retraite forcée à Châtillon-sur-Seine. On l'envoya d'abord en prison, puis en surveillance. La manière dont il échappa à ses gardiens, mérite d'être rapportée. Il devait se présenter souvent chez le sous-préfet de Châtillon, ce qu'il faisait fort exactement. Chaque jour, d'ailleurs, on le voyait se promener, comme au bois de Boulogne, dans un élégant carricle attelé de deux jolis chevaux. Un beau jour il se mit au lit pour cause de maladie, et écrivit à ses surveillans, qui ne songèrent pas à s'informer eux-mêmes de ses nouvelles. Qu'auraient-ils pu soupçonner? tous les matins un domestique promenait les chevaux. Or, il advint qu'au bout de quinze jours on apprit, par les journaux anglais, que M. de Montron était arrivé à Londres. On crut généralement que l'Empereur avait été de complicité avec les surveillans, et que, sachant que M. de Montron était un homme très-fin et très-adroit, le prisonnier fugitif serait plus apte qu'un autre à sonder le terrain pour une négociation, puisqu'il se présenterait dans la Grande-Bretagne avec la faveur que donne presque toujours l'apparence seule de la persécution.

☛ Quoi qu'il en soit de cette anecdote et de la complicité impériale, ce qu'il y a de certain, c'est que M. de Montron est un des hommes qui ont le plus de crédit sur l'esprit de M. de T......... aussi les autres familiers de la maison, l'ont-ils, depuis long-temps, surnommé *l'ami du cœur.* Cette faveur connue, lui valut beaucoup de sollicitations, et l'antichambre de la rue Cérutti, aujourd'hui la rue d'Artois, fut plus d'une fois regardée, comme une succursale de la rue d'Anjou.

A l'époque à laquelle nos souvenirs nous reportent, le duc de Clermont-Tonnerre était comte de l'empire et chambellan de la princesse Borghèse. Son oncle, l'ancien évêque de Châlons, n'était ni cardinal ni archevêque; sa position n'était pas brillante, et il souhaitait ardemment d'être admis au chapitre épiscopal de Saint-Denis, place qui valait dix mille francs par an. Son neveu alla donc prier M. de Montron de s'intéresser à cette affaire, et, dès son arrivée, il fut interpellé à peu près ainsi : « Ah ! M. de Clermont-Tonnerre, je suis charmé de vous voir ; eh bien ! vous vous êtes donc mis aussi dans le gâchis? (c'est ainsi que M. de Montron appelait le gouvernement impérial.) Vous avez fait comme l'évêque (M. de T.........); ma foi ! tâchez de vous en tirer comme lui. Mais désirez-vous quelque chose? en quoi pourrais-je vous être agréable?—Franchement, je venais solliciter de vous un service.—Comment donc! je suis tout à votre disposition. — Mon oncle, l'ancien évêque de Châlons, est presque sans ressource, et je voudrais bien que vous pussiez déterminer M. de T.........à demander pour lui une place au chapitre

de Saint-Denis. — Comment, diable !...
Au chapitre.... Mais j'y pense, voulez-
vous déjeuner avec moi ? — Bien obligé,
c'est une chose faite. — Au chapitre !....
Attendez un moment.... mais, oui,...
l'évêque le fera,... il doit le faire.... tous
deux d'un grand nom..... évêques tous
deux.... ensemble au séminaire.....
il le fera ! il le fera ! »

☞ Madame *** n'a pas de dents :
mademoiselle Duchesnois en a, mais
elles ne sont pas belles ; ce qui faisait
dire un jour à M. de T......... « Si Madame *** avait des dents, elle serait aussi
laide que mademoiselle Duchesnois. »

☞ L'empereur, disait un jour M. de
T........., finira par me dégoûter des
formes rondes, pour lesquelles j'ai eu
toute ma vie une si grande prédilection.

— Pourquoi donc, Monseigueur? — A cause des boulets de canon. »

☞ M. d'Hauterive entre un matin chez M. de T......... qui se livrait au charme du *far niente* le plus complet : « Mon prince, une lettre de l'électeur de... — Eh bien? — Il faudrait répondre. — Quoi! de ma main? — Mais oui, mon prince, un électeur..... — C'est une tyrannie..... Comment! composer et écrire en même temps! — Oui, mon prince....—Eh bien! d'Hauterive, je vais écrire, mais dictez. »

☞ Le charmant petit comte de Cobentzel, le plus joli ambassadeur d'Autriche que nous ayons jamais vu à Paris, était un jour à souper chez M. de T........., où se trouvaient madame de Gallo, madame de Lucchésini, quelques autres femmes d'ambassadeurs, Eugène Beauharnais, Louis et Edmond de Pé... neveux du ministre, et quelques gens du cabinet particulier, admis aux soirées particulières. M. de Cobentzel, nous croyons le voir encore, était un type, un modèle de la grâce autrichienne. Dieu qu'il était aimable! il ne riait jamais, parlait très-peu, mangeait assez bien, se tenait si droit qu'il avait l'air d'avoir quatre pieds six pouces, quoiqu'il s'en manquât un peu. Bien pris, bien proportionné dans sa petite taille, âgé d'environ soixante ans, sa gravité était tellement imperturbable, qu'alors même qu'il ne pensait à rien, il avait l'air de penser à quelque chose. Mais ce qui le mettait hors de toute comparaison, c'était sa coiffure : dans cette coiffure, nous ne craignons pas de le dire, il y avait peut-être plus de diplomatie que dans la tête de M. de Metternich.

Si M. de Cobentzel ne riait pas, on riait un peu de lui. Toutes ces jeunes ambassadrices étaient charmantes et fort gaies. Le jour de ce souper, elles firent tant, qu'elles déterminèrent M. de Cobentzel à raconter une histoire, et cette histoire la voici :

« Du temps de l'empereur Joseph II, j'étais, dit M. de Cobentzel, attaché au conseil privé de l'Empereur. J'avais obtenu un congé d'une semaine dont je jouissais depuis trois jours dans une terre située à quelques lieues de Vienne. Un courrier arrive en toute hâte et me remet l'ordre de me rendre sur-le-champ au palais impérial. Il commençait à se faire tard, et j'arrive à plus de dix heures du soir dans un faubourg de Vienne, quand l'essieu de ma voiture se rompt et me voilà contraint de continuer ma route à pied dans un quartier fort désert. Tout cela n'était rien ; mais une maudite colique, une de ces coliques qui ne permettent pas de retard, m'oblige, moi conseiller aulique, de frapper à la porte d'un cabaret et d'y demander..... Une grosse servante me conduit dans un bouge. Ce n'était rien encore ; me voilà assis sur deux ais mal affermis ; ils tombent et je tombe avec eux. — Jusqu'où en aviez-vous ? demanda madame de Lewingston ?—Mais.... très-haut.—Enfin jusqu'où ? insista la Marquise de Gallo. — S'il faut vous le dire, Mesdames, j'en avais jusqu'à la lèvre inférieure. — Ne vous trompez-vous pas, M. le comte, dit M. de T........., ne seraitce pas jusqu'à la lèvre supérieure que vous voulez dire ?... »

Les personnes seules qui ont assisté à une séance de la chambre des députés, un jour où M. Piet parlait, peuvent se faire une idée du rire qui s'empara de toute l'assemblée.

➜ M. de T........., incapable de haine sérieuse, est en revanche très-capable d'inimitié, et sa verve épigrammatique n'épargne guère ceux qui en sont l'objet. Sous l'empire, il avait surtout, comme on dit, pris en grippe M. Ma...; aussi disait-il un jour : « Je ne connais au monde qu'un homme plus bête que M. Ma...—Eh! qui donc, Monseigneur? — C'est le duc de Bassa...»

➜ Lorsque le fatal bulletin qui rendait compte des désastres de la campagne de Russie fut parvenu à l'Impératrice, elle manda près d'elle les dignitaires de l'empire, et M. de T........., en sa qualité de vice grand électeur, s'y rendit comme les autres. La consternation était grande aux Tuileries, et l'on était avide de détails sur tant de calamités si peu prévues quelques mois auparavant. On savait seulement que l'armée entière était détruite, que tout était perdu, hommes, chevaux, bagages. On vint alors annoncer à l'Impératrice l'arrivée du duc de Bassa... « Voyez comme on exagère, dit M. de T........., Ma... s'est sauvé et l'on disait que tout le matériel était perdu! »

➣ A l'esprit le plus brillant et le plus varié, au goût le plus exercé et le plus délicat, aux manières les plus séduisantes, M. de T........ joint une grande insouciance de caractère. Incapable de solidité dans ses amitiés, il les a plutôt négligées que trahies ; paresseux par tempérament et par goût, il a peu écrit ; mais personne ne possède mieux l'art de choisir, d'arranger, de distribuer ses matériaux ; de diriger, de juger, de réformer le travail de ceux qu'il charge de les mettre en œuvre ; et l'illusion a été si complète sous ce rapport, qu'on a toujours cru reconnaître sa manière dans la plupart des écrits qui, depuis trente ans, ont paru sous son nom. Blasé sur toutes les jouissances de la vie, il ne reste plus aujourd'hui à M. de T......... qu'un seul besoin réel, celui d'être constamment amusé et distrait ; car, s'il faut en croire une opinion universellement établie, il est permis de douter que rien puisse l'intéresser encore. Ainsi donc, s'il est vrai que, non content de trois épreuves qu'il en a faites, cet homme d'état, accoutumé depuis long-temps au mouvement et au jeu des affaires politiques, recherche pour la quatrième fois (ceci est écrit il y a déjà plusieurs années) des fonctions ministérielles, il est probable qu'il ne les recherche que comme une retraite contre l'ennui, dernière et incurable maladie de tous les hommes puissans qui ont cessé de l'être.

➣ Le visage de M. de T......... est tellement impassible, qu'on ne saurait jamais y rien lire : aussi Lannes et Murat disaient-ils plaisamment de lui, que si, en vous parlant, son derrière venait à recevoir un coup de pied, sa figure ne vous en dirait rien.

➣ M. de T........., sur la conduite duquel l'empereur revenait beaucoup, pour savoir, disait il, quand il avait commencé véritablement à le trahir, l'avait porté fortement à la paix, au retour de Leipsick. « Je lui dois, observait-il, cette justice : il blâma mon discours au sénat, mais approuva fort celui au corps législatif. Il ne cessait de me répéter que je me méprenais sur l'énergie de la nation ; qu'elle ne seconderait pas la mienne, que je m'en verrais abandonné ; qu'il fallait m'accommoder à tout prix ; il paraît qu'il était alors de bonne foi, qu'il ne trahissait point encore. T......... n'a jamais été pour moi ni éloquent ni persuasif : il roulait beaucoup et long-temps autour de la même idée. Peut-être aussi que me connaissant de vieille date, il s'était fait une manière pour moi. Du reste, il était si adroitement évasif et divagant, qu'après des conversations de plusieurs heures, il s'en allait, ayant échappé souvent aux éclaircissemens ou aux objets que je m'étais promis d'en obtenir, lorsque je le voyais arriver. »

➤ Certain fabuliste a comparé l'Empereur et M. de T......... au tigre et au renard... Qu'en pensez-vous? Quoi qu'il en soit, M. de T........., sans l'avis duquel aucune grande mesure politique n'avait été prise au cabinet des Tuileries, jusqu'au moment où Napoléon conçut le projet de la fatale affaire d'Espagne, fut en pleine disgrâce après le séjour de Bayonne. Il fut même destitué de la dignité de grand-chambellan. On attribua, avec raison, cette disgrâce à la vive opposition qu'il avait manifestée dans le conseil; et voici les propres paroles qu'il avait prononcées: « L'Espagne est pour la France une grande ferme; on en paie bien le revenu et les redevances, mais le terrain n'en est pas connu, et l'on s'exposera à tout perdre en cherchant à le faire valoir soi-même. »

L'influence sociale et même politique de M. de T........., avait survécu à sa faveur. Il n'était point d'étranger de distinction qui ne tînt à honneur d'être admis dans son salon, et il ne cessait point de faire à l'Empereur, et successivement aux deux impératrices, une cour assidue. Cependant le maître ne le voyait qu'avec inquiétude, qu'avec contrainte, sans que celui qui en était l'objet eût seulement l'air de s'en apercevoir. Quand le prince de Bé.... eut appris que M. de Montesquiou le remplaçait dans la charge de grand-chambellan, il se contenta de dire fort tranquillement : « Qu'en résultera-t-il ?

c'est qu'à l'avenir les cochers prendront plus souvent la route du faubourg Saint-Germain que la route du faubourg Saint-Honoré. »

➻ C'est à peu près avec la même tranquillité qu'il avait reçu, quelques années auparavant, la nouvelle de son élévation au rang de prince de Bé.... Comme une foule de courtisans s'empressait de le complimenter : « Eh ! mon dieu, leur dit-il, vous vous trompez;... ce n'est pas ici... c'est à madame de T......... qu'il faut faire vos complimens... Allez chez madame de T......... les femmes sont toujours bien aises d'être princesses. »

➻ Ces dédains, peut-être affectés, des honneurs de l'Empire, étaient, comme on peut le croire, fidèlement rapportés à l'Empereur ; et comme celui-ci n'était pas homme à se contraindre toujours, il éclata en reproches violens. C'était après la campagne de Dresde : Napoléon ayant aperçu le prince de Bé.... à son lever, lui dit de rester, qu'il avait à lui parler, et l'apostropha de la sorte : «—Que venez-vous faire ici ?... me montrer votre ingratitude ?... Vous affectez d'être d'un parti d'opposition !... Vous croyez peut-être que, si je venais à manquer, vous seriez chef d'un conseil de régence ?... Si j'étais malade dangereusement, je vous le déclare, vous seriez mort avant moi.» Alors, avec la grâce et la quiétude d'un courtisan qui reçoit de nouvelles faveurs, le prince répondit au maître irrité : «—Je n'avais pas besoin, Sire, d'un pareil avertissement pour adresser au ciel des vœux bien ardens pour la conservation des jours de Votre Majesté. »

» Il est probable que vers la fin du mois de mars 1814, M. de T......... avait pris pour devise ce vers que prononce Emilie dans la tragédie de Cinna :

La perfidie est noble envers la tyrannie.

Et après tout, s'il est permis de jouer au plus fin, c'est quand il est impossible de jouer au plus fort. M. de T......... faisait, comme l'on sait, partie du conseil de l'impératrice, et tandis que l'empereur se couvrait de lauriers inutiles en défendant les abords de la capitale, le bon roi Joseph, que M. de T......... trouvait un excellent homme, mais un pauvre sire; ce roi républicain * commandait dans Paris

* Nous avons entendu dire à Talma lui-même que

au nom de son frère. Déjà l'archi-chancelier, les ministres, beaucoup de membres du gouvernement, avaient pris la route de Blois. Le 29 mars, l'impératrice Marie-Louise (car l'adorable Joséphine qui vivait encore ne quitta point la Malmaison), avant de partir pour la même résidence, envoya la duchesse de Montebello chez M. de T......... savoir à quelle heure il comptait partir. «—Mais, mon dieu ! je ne sais encore ; bien certainement j'irai la rejoindre, mais les routes doivent être encombrées ; il faut s'échelonner à cause des chevaux. » Puis, reconduisant madame de Montebello

lors du voyage qu'il fit à Genève en 1814, ayant été voir Joseph Bonaparte qui habitait une terre en Suisse, celui-ci lui dit dans la conversation : « Mes idées républicaines sont si fixes et si positives, qu'alors même que j'étais roi de Naples et roi d'Espagne, je n'ai jamais cessé un instant d'être républicain. »

jusqu'au haut de l'escalier, avant de la quitter il lui prit affectueusement les deux mains et lui dit d'un ton pénétré : « — Allez, ma bonne duchesse, allez, vous pouvez être sûre d'une chose, c'est que l'empereur et l'impératrice sont victimes d'une bien odieuse machination. » Cela dit, il rentra dans ses appartemens pour s'assurer qu'il ne manquait rien dans celui qu'il avait fait préparer pour l'empereur Alexandre.

☛ M. de T......... se présente à la barrière de l'Étoile, ses gens sont en grande livrée : « — Vos passe-ports, disent les préposés. — C'est le prince vice-grand-électeur, crient ses gens. — Oh ! il peut passer. — Non, dit le prince, je n'ai point de passe-port, je ne violerai point l'ordre et l'autorité. »

Le prince rentre dans son hôtel. On

a prétendu que pendant son séjour à l'île d'Elbe, Napoléon aurait dit :

« Si j'avais fait pendre deux hommes, T......... et Fouché, je serais encore sur le trône. »

Comme M. de T......... était en pos-
session de faire les honneurs de la haute
politique, ce fut lui qui, en 1814, donna
la main à la légitimité pour la faire as-
seoir sur le trône. A peine l'empereur
Alexandre était-il installé dans le logement qu'il occupait chez le prince de
Bé...., qu'il avait tenu un conseil sur
le parti politique que les alliés devaient
adopter. M. de T......... et ses prin-
cipaux confidens n'avaient pas manqué d'être appelés à la délibération.
Une conférence entre M. de T.........
et M. de Nesselrode avait précédé de
quelques heures la tenue du conseil.
M. de T......... introduisit dans la salle
où se tenait le conseil, le baron Louis

et M. de Pradt. On fut rangé de manière à ce que du côté droit le roi de Prusse et le prince de Schwartzemberg se trouvassent les plus rapprochés du meuble d'ornement qui est au milieu de l'appartement ; M. le duc d'Alberg était à la droite du prince de Schwartzemberg ; MM. de Nesselrode, Pozzo di Borgo, le prince de Lichtenstein, suivaient ; M. de T......... se trouvait à la gauche du roi de Prusse ; M. le baron Louis et M. de Pradt placés auprès de lui. Comme l'empereur Alexandre hésitait sur le parti que les alliés devaient prendre, M. de Pradt éclata par la déclaration que tous les Français étaient royalistes. Alors l'empereur Alexandre déclara qu'il ne traiterait plus avec l'empereur Napoléon. On obtint de ce monarque que cette déclaration fût rendue publique : deux heures après, elle couvrait les murs de la capitale, par les soins de MM. Michaud, qui se trouvaient dans les appartemens voisins de la salle du conseil,

Ainsi, comme on voit, c'est M. de T......... qui a fait la déclaration, M. de Pradt qui a déclaré qu'elle était faite et MM. Michaud qui l'ont affichée.

L'empereur Alexandre ayant demandé à M. de T..... par quels moyens il se proposait d'accomplir la restauration, celui-ci répondit que ce serait par les autorités constituées, et *qu'il se faisait fort du sénat.*

⇒ Louis XVIII étant à Saint-Ouen, disait à M. de T......... en parlant de la proclamation du sénat... conservateur du traitement de ses membres : « Après tout, cela n'est pas trop cher.» Quelques instans après, le roi lut au chef du gouvernement provisoire la Charte constitutionnelle. M. de T......... dit alors : « Si j'osais parler avec franchise à Votre Majesté, je me permettrais quelques observations sur une lacune. — Laquelle? parlez. — Sire, il n'y a point de traitement fixé pour les membres de la chambre des députés. — Non, sans doute; leurs fonctions seront d'autant plus honorables qu'elles seront gratuites. — Oui, Sire, mais... gratuites... gratuites... cela sera bien cher ! »

☞ On parlait avec indignation de la conduite d'un certain maréchal de France en 1814. On commentait avec amertume les effets de ce qu'on avait l'impertinence d'appeler l'initiative de la défection. « Oh! mon Dieu, dit le prince, tout cela ne prouve qu'une chose... c'est que sa montre avançait, car tout le monde était à l'heure.

☛ Dans ces premiers temps, c'était un spectacle singulier que de voir les grands de l'empire s'empresser de porter leurs hommages aux princes rentrés dans leur patrie. Des Ducs, des Princes de l'empire, plus annoblis par la victoire que par les décrets qui n'avaient fait que sanctionner leurs illustres faits d'armes, portaient des titres étrangers, stigmates éternels attachés aux lieux qui les ont vus vaincre, mais qui n'étaient que rarement parvenus aux oreilles françaises de Londres et de l'Allemagne. Ces noms étrangers donnèrent lieu à plusieurs méprises, et le Palais-Bourbon fut témoin de scènes divertissantes.

Le brave prince de Condé, depuis long-temps étranger à tout ce qui se passait, reçut, comme les autres princes français, les ducs et les princes de l'empire, et, à cette époque, sa tête commençait à s'affaiblir. Un jour on lui annonce le prince de Neufchâtel : il va droit à lui, lui fait l'accueil le plus aimable, et lui dit : —«Eh bien! mon cher prince de Neufchâtel, nous voilà donc enfin rentrés dans notre patrie! Nous ne nous y attendions guère, n'est-ce pas? car je pense que la révolution ne nous a pas plus épargnés que les autres; il faut espérer que nous allons rentrer dans nos biens. Ces coquins s'en sont emparés, mais nous y mettrons bon ordre. Pourtant, j'ai peur que M. *de Provence* (le roi) ne fasse des concessions; il a des idées à lui, des idées de Charte, des idées fausses. Avec le temps tout s'arrangera. »

On peut juger de la bonne figure que

faisait le prince de Neufchâtel pendant cette petite allocution.

» Une autre fois, ce fut le tour de M. Barbé-Marbois, que le prince de Condé ne cessa d'appeler mon cher M. de Nicolaï, parce que, depuis long-temps, avant la Révolution, la cour des comptes avait toujours eu pour premier président un Nicolaï, et que le prince de Condé ne concevait pas qu'un autre qu'un Nicolaï pût être premier président de la cour des comptes.

» Enfin le tour de M. de T......... arriva : annoncé sous le titre de prince de Bé...., il reçut un accueil plus gracieux qu'aucun autre. Le ministre félicita sincèrement le prince de Condé, de l'excellent esprit qui le déterminait à recevoir ainsi les personnes qui

avaient illustré la France sous l'Empire.
— «Oui, oui, dit le prince de Condé,
je les recevrai volontiers... à l'exception d'un seul, pourtant; je ne verrai
sûrement pas ce coquin de T........ ;
celui-là, par exemple, je lui ferai bien
fermer ma porte. — Monseigneur, je
suis bien sûr qu'il n'entrera pas. — Et
il fera bien.., il fera bien. »

☞ Rien ne serait plus instructif qu'un
recueil des conversations de Louis xviii
et de M. de T.......... Il serait curieux de voir comment l'un des
premiers dignitaires du royaume con-
servait, à force d'esprit, l'avantage
dans la discussion, avec un souverain
très-spirituel lui-même, et qui trouvait
le moyen de piquer vivement l'amour-
propre de l'homme, sans manquer en
rien aux déférences dues à la majesté
du monarque.

Louis xviii abusait souvent de la supériorité de son esprit sur ceux qui l'entouraient; quelquefois même on a pu lui reprocher de se servir de termes beaucoup trop énergiques, et de ne pas assez ménager la chasteté des oreilles féminines obligées de l'entendre. Si donc, il se trouvait habituellement battu dans ses luttes de malice avec son grand-chambellan, il y avait justice; et, d'ailleurs, cette petite vengeance était bien due à l'excellent duc de la Châtre, incapable de se venger lui-même.

» Louis xviii ne niait point l'influence que M. de T......... exerça sur la restauration de la maison de Bourbon. Déjà, dans les derniers mois de l'Empire, ce mot si connu : « *C'est le commencement de la fin,* » avait couru tout Paris ; les mécontens et les ingrats se plaisaient à y voir une prédiction , et peut-être le prophète avait-il pardevers lui quelques raisons de croire à l'exactitude de sa prophétie. Ce qu'il y a de certain, c'est que, pendant son séjour à Paris, l'empereur Alexandre dit un jour : « Quand je suis entré dans la capitale de la France, mes alliés et moi, nous n'avions d'autre but que de renverser le despotisme de Napoléon ; nous voulions laisser la France se choisir un gouvernement qui lui conviendrait ; je suis descendu chez M. de T........., il tenait Napoléon ii dans une main, et les Bourbons dans l'autre ; il a ouvert la main qu'il a voulu. » On conçoit aisément quel ascendant un homme aussi insinuant que M. de T......... dut prendre, dans des relations continuelles, sur l'esprit d'un empereur qui n'était pas un aigle, quoiqu'il en eût deux dans ses armes.

➤ « J'admire, lui disait Louis XVIII, votre influence sur tout ce qui s'est passé en France. Comment avez-vous fait pour abattre d'abord le Directoire, et, plus tard, la puissance colossale de Bonaparte? — Mon dieu! Sire, répliqua le ministre, je n'ai vraiment rien fait pour cela : c'est quelque chose d'inexplicable que j'ai en moi qui porte malheur aux gouvernemens qui me négligent. »

➤ Quelque temps après la restauration, M. de T......... ennuyé de voir certaine dame chez lui, la fit partir pour l'Angleterre, où il lui faisait une pension de soixante mille francs, sous la seule condition de ne point revenir en France

sans sa permission. Madame de T.........
y resta exactement pendant plusieurs
années; mais, sous le ministère de
Decazes, elle revint, et M. de T.........
sut qu'il devait attribuer son retour à
une malice royale. Le roi lui en parla à
son lever, lui demandant, avec un
touchant intérêt, s'il était vrai que madame de T........ fût en France? —
Rien n'est plus vrai, Sire, il fallait bien
que j'eusse aussi mon vingt mars. »

☞ M. de T......... avait vu M. Decazes très jeune, et dans une position honorable, sans doute, mais qui ne per-
mettait pas de penser qu'il serait un jour
appelé au poste élevé où il parvint
depuis. Le vieux ministre n'épargnait
point les épigrammes au jeune favori,
et Louis XVIII, par taquinerie, se plaisait
à en faire l'éloge devant M. de T.........

« Qu'a-t-on à lui reprocher, lui dit un jour le roi ; il travaille beaucoup ; il m'aime beaucoup ; ici on ne l'aime pas : on le trouve un peu suffisant. — Oui, Sire, suffisant et insuffisant. »

— «Pourquoi, disait-il un jour, pourquoi ces gens-là ne sauveraient-ils pas la France ? Les oies ont bien sauvé le Capitole. »

— Quelqu'un ayant demandé à M. de T.........s'il pensait que M. de Richelieu pût être convenablement placé à la tête des affaires : « Je le crois bien, répondit-il ; c'est l'homme de France qui connaît le mieux la Crimée. »

— La plus sérieuse escarmouche de Louis XVIII avec M. de T.........eut lieu à l'occasion de l'opposition que celui-ci manifesta à la chambre des Pairs, et du discours remarquable qu'il prononça contre la ridicule entreprise de la guerre d'Espagne. Peut-être aurait-on mieux fait d'écouter la voix d'un homme qui, treize ans auparavant, avait déjà prévu avec tant de sagacité tout ce que devait entraîner de malheurs une entreprise sur ce pays. Quoi qu'il en soit, on parla dans Paris de disgrâce complète, d'exil même, comme si l'on pouvait exiler un pair de France sans jugement. Tout se borna à quelques mots assez piquans qui furent échangés, comme ceux-ci, par exemple : « — Est-ce que vous ne comptez pas retourner à la campagne ?

— Non, Sire; à moins que votre majesté n'aille à Fontainebleau ; alors j'aurais l'honneur de l'accompagner pour remplir les devoirs de ma charge.

— Non, non, ce n'est pas cela que je

veux dire : je demande si vous n'allez pas repartir pour vos terres? — Non, Sire. — Ah!... mais dites-moi un peu, combien y a-t-il de Paris à Valençay? — Sire, il y a.... quatorze lieues de plus que de Paris à Gand! »

» Quant à l'échauffourée du duc de Rovigo, il est plus que probable que l'ex-ministre de la police fut dupe des conseils de ses anciens amis, peut-être même de ses anciennes amies. Le duc de Rovigo voyait souvent le roi, et, dans le nombre des courtisans, quelques-uns pouvaient redouter les souvenirs d'un homme pour lequel il n'y avait pas eu de secrets. Il lança son Mémoire; on lui ferma la porte des Tuileries, et Louis XVIII dit à M. de T....., qui s'en était volontairement exilé depuis le commencement de cette affaire : — « Vous pouvez revenir ici, vous n'y trouverez plus personne qui vous déplaise. » Du reste, M. de T......... se conduisit en cette occasion avec une noble hauteur, dédaignant de répondre aux graves inculpations dont il était l'objet *. Il pria la chambre des Pairs de vouloir ordonner une enquête, prière qui ne serait pas toujours prudente de la part des ministres qu'on accuse.

☞ M. Ferrand fut, heureusement pour lui, l'auteur *de l'esprit de l'histoire*, et malheureusement pour lui et la France, auteur de la trop fameuse distinction entre *la ligne courbe et la ligne droite*. Dans les derniers temps de sa vie, il ne pouvait presque plus se soutenir sur ses jambes, et ne venait à l'Académie et à la chambre des Pairs qu'appuyé sur les bras de deux laquais. M. de

*

T.......... le voyant entrer en cet état dans la salle du Luxembourg : « Voyez, dit-il à son voisin, voyez Ferrand : c'est l'image du gouvernement; il croit marcher, on le porte. »

≈ Des gens qui supposaient que Maubreuil avait pu réellement être chargé de faire un mauvais parti à Napoléon, se félicitaient de ce qu'aujourd'hui les princes avaient renoncé à ces assassinats politiques dont l'histoire de France n'offre que trop d'exemples. « Que voulez-vous, dit le prince, il n'y a plus de religion ! »

≈ La princesse de ***, sœur d'un brave, mort dans l'Elster, s'avisa un jour de lui demander comment allaient ses jambes. — « Comme vous voyez. » La princesse est borgne.

» Il n'est point de circonstance grave et importante qui ne puisse être, pour M. de T........., la cause d'un bon mot, l'objet d'une amusette. S'il avait composé une tragédie, sans aucun doute, ses héros feraient des épigrammes ou des malices, sans égard pour la dignité du genre. C'était presque une tragédie que la fameuse liste de proscription dressée quelque temps après la seconde restauration , par Fouché.....Par Fouché! M. de T....... n'en était point l'auteur, mais il en fut le censeur; et cette fois du moins les ciseaux , ordinairement si funestes, furent bons à quelque chose. M. de T......... retrancha de la liste une vingtaine de noms; mais, il faut bien le dire, il en ajouta deux. La liste, revue et corrigée, fut envoyée au *Moniteur* , et le ministre de la police ne vit pas d'un bon œil les mutilations faites à son beau travail. Cependant la signature royale y était apposée, et l'ordonnance parut le lendemain dans la feuille officielle.

Quels étaient les deux noms ajoutés? Si l'on en croit les échos du cabinet de M. de T........., qui seuls ont pu être indiscrets, voici à peu près la scène qui s'y serait passée.

Deux personnages sont assis vis-à-vis l'un de l'autre, des deux côtés d'un magnifique bureau. D'un côté est M. de T........., de l'autre M. de Mon... *Stat ductis sortibus urna,* autrement dit, les noms favorisés par le sort sont rayés de la liste. Le ministre la tient dans sa main ; tout est bien vu, bien examiné, mais tout n'est pas fini, et voici le dialogue : « Mon....! —Monseigneur! — Voilà la liste. — Oui, monseigneur.

— Une liste toute faite. — Oui, monseigneur. — C'est une occasion qui ne se représentera peut-être jamais. — Comment ! — Vous ne comprenez pas? — Non, en vérité. — J'avais bien envie..... — De quoi, monseigneur? — Madame de S..... — Eh bien ! — J'ai envie... Si je la mettais là-dessus..... J'en serais..... Et puis, vous voyez, c'est une occasion. — Eh bien, monseigneur, il n'y a qu'à la mettre. — Là !» Et le nom de madame de S..... était déjà inscrit sur la liste, et le ministre se levait, et M. de Mon... restait sur son fauteuil; et M. de T........, voyant cela, le dialogue recommença. «Qu'avez-vous donc, Mon...? — Moi, monseigneur? — Oui, vous avez quelque chose. — C'est que... — Quoi? — Comme vous disiez tout à l'heure, la liste est toute faite, et c'est une occasion. — Eh bien !... avez-vous quelqu'un ? — Je pensais que... si... madame H..... J'en serais... — Ce n'est que cela ? il n'y a qu'à la mettre...... Là ! » Et les exilés eurent au moins la consolation de se trouver en compagnie avec deux des femmes les plus spirituelles de Paris.

☜ Vers la fin de 1815, un solliciteur de distinction eut recours à la protection du prince pour obtenir un emploi : « Je suis disposé à vous servir, dit celui-ci, mais il faudrait avoir et faire valoir des droits.... — Mais, Prince, je suis allé à Gand..... — A Gand..... En êtes-vous bien sûr ? — Comment !.... — Oui, dites-moi franchement si vous y êtes allé, ou si vous n'avez fait qu'en revenir... Car, voyez-vous, j'y étais à Gand, moi.... Nous y étions sept ou huit cents; et, à ma connaissance, il en est revenu plus de cinquante mille. »

» M. de T......... disait un jour que Ferdinand VII avait tort de compter dans ses titres, ses anciens royaumes des Indes, le seul titre qu'on doive lui donner étant celui de roi d'Espagne et *d'Inde*.

» Ceci rappelle la petite conversation du prince avec M. Cuvier, un jour que celui-ci venait de défendre à la chambre des Pairs, en qualité de commissaire du gouvernement, un projet de loi du dernier ministère. «— Je parie, lui dit très-gravement M. de T......... après la séance, que le premier naturaliste de l'Europe ne sait pas quels sont les plus reconnaissans de tous les animaux. — Monseigneur veut sans doute faire une plaisanterie ? — Non point; je parle très-

sérieusement.—J'ignore ce que....—
Vous ne le savez pas ?... Eh bien ! je
vais vous le dire : les plus reconnaissans des animaux ce sont les dindons.
Les Jésuites les ont autrefois amenés en
France, et aujourd'hui les dindons y
ramènent les jésuites. »

» M. de T......... se trouvait un jour à
la cour au moment où le corps diplomatique venait présenter ses hommages
au roi. Comme il regardait avec beaucoup d'attention le plus exigu des personnages admis dans le salon bleu, et
qui en ce moment tournait le dos,
quelqu'un lui demanda quel était l'objet
de son attention : Vous me voyez, dit-
il, dans le plus grand embarras, je ne
puis distinguer si le bailli de Fé.,. a trois
jambes, ou si c'est qu'il porte trois épées.

» Une autre fois M. de T........ fit dans

la salle du trône une courte citation
latine dont il serait difficile de contester
le mérite de l'à propos. Le corps des
trois cents, que l'on surnomme Spar-
tiates, s'y trouvait réuni au grand
complet ; s'approchant doucement du
premier ministre et indiquant tout ce
monde avec un geste collectivement
dédaigneux , il lui dit : *Dic mihi, Da-
mœta, cujum pecus ?*

❧ On dirait que M. de T......... est
doué d'une sorte d'instinct qui le sert
dans les occasions critiques, et lui fait
dire ce qu'il faut, rien que ce qu'il faut
pour se tirer d'affaire, lorsqu'étant interpellé, il ne lui est plus possible de se
taire. Il semble en convenir lui-même,
en racontant certaines anecdotes de sa
vie qu'il appelle des bêtises : mais un
homme d'esprit ferait fortune avec les

bêtises de M. de T........ l'immobilité de sa physionomie, et cette sorte d'impassibilité qui le caractérise, lui est d'un grand secours dans beaucoup de circonstances. M. de T......... en a tiré grand parti à une séance de la cour des Pairs de la session de 1822. Le duc de Fitz-James fit un discours dans lequel il attaquait vigoureusement son collègue le noble Pair, tantôt par des sarcasmes amers, tantôt par des allusions sanglantes. Il l'accusa même d'avoir également exploité la révolution et la restauration. Tous les regards étaient fixés sur M. de T......... que faisait-il? Il ne levait les yeux de dessus l'orateur que pour écrire un mot, ayant l'air de prendre note comme on fait quand on veut répliquer. Le discours fini, il dit à ses voisins, que M. le duc de Fitz-James avait du talent, et qu'à l'exception de petites choses un peu acerbes, son discours était très-bon.

» A l'époque de l'affaire Fualdès, madame de L. croyant mortifier M. de T.......... par un méchant calembourg sur son infirmité, lui dit en entrant dans son salon :—«Mon dieu! monsieur, croyez-vous qu'on vient d'écrire sur votre porte : *Maison banc il* ? — Que voulez - vous, Madame, le monde est si méchant.... On vous aura vu entrer. »

Non content de cette petite vengeance, il dit quelques jours après, à quelqu'un qui lui faisait observer que les stores de sa voiture étaient maculés et chiffonnés : « Eh ! mon dieu ! voilà comme étaient les jupons de madame de L. à quinze ans. »

» Un des ministres de Louis XVIII

pressait vivement ce monarque de consentir à l'entrée des princes de son sang dans les conseils du gouvernement : « — Non, dit le roi, non, je ne le veux pas. Introduire l'héritier présomptif de la couronne dans ses conseils, c'est abdiquer; et telle n'est pas mon intention. Savez-vous, mon cher ami, ce qui arrive en pareil cas? tout ce qui se fait de mal on l'attribue au roi; tout ce qui se fait de bien, à son successeur. Non ! »

M. de T.......... était de l'avis de Louis XVIII; un prince le sut et lui en fit de vifs reproches. L'adroit courtisan répondit : «—Un jour votre majesté me remercîra de ce qui déplaît aujourd'hui à votre altesse royale. »

☞ Lors de la formation de la chambre introuvable, M. de T......... disait : Voilà qui va singulièrement; on veut éviter la révolution, c'est bien; mais il faut prendre garde de verser de l'autre côté, d'autant plus qu'il est bien sale.

⇒ A peu près vers cette époque, le prince était un soir dans le cabinet du roi, quand M. Decazes y entra par une petite porte : «— Ah ! Monsieur , dit-il, vous êtes bien grand pour passer par un si petit endroit.» Le roi se prit à rire, et le ministre qui s'attendait à trouver Louis XVIII seul fut fort déconcerté.

⇒ M. de T......... a peint les émigrés par ce mot : Des gens qui n'ont rien appris ni rien oublié depuis trente ans.

Il les appelle aussi quelquefois les étrangers de l'intérieur.

◦ Un collatéral de province se plaignait devant M. de T......... du prix énorme, selon lui, que demandait un pharmacien pour embaumer son oncle défunt. « Je comptais, disait-il, dépenser cent écus, et l'on exige trois mille francs. — Cent écus, dit tout bas le prince à son voisin... pour ce prix-là Cadet ne le salerait pas. »

◦ M. de Sém.... a partagé avec beaucoup d'autres le privilége dont on se passerait bien, d'exciter la verve épigrammatique de M. de T......... Un jour il demandait de ses nouvelles à l'un de leurs amis communs : « Il y a bien long-temps que je n'ai vu Sém.... lui dit-il, comment se porte-t-il? — Mais, très-bien, Monseigneur; il engraisse même un peu. — Sém.... engraisse... Je ne comprends pas... —

Quoi donc, Monseigneur? -- Non, je ne comprends pas quel intérêt Sém.... peut avoir à engraisser. »

» Une autre fois, quelqu'un disait à M. de T......... : « Au moins dans la chambre haute, il y a des consciences. — Oui, répondit-il, beaucoup... beaucoup de consciences... Il y a même S.... qui en a deux. »

» « Savez-vous que M. de Sém... est malade? — Lui, malade!... Eh bien, qu'est-ce qu'on pourra lui donner pour cela? »

» Un des amis de M. de T......... lui racontait un jour qu'il venait d'avoir une altercation très-vive avec la comtesse de Genlis, qui lui avait dit d'horribles sottises. «Eh bien! qu'avez-vous fait? lui demanda M. de T......... — Ma foi! je lui en ai répondu. — Vous avez eu tort; il y a deux sortes de personnes dont on peut recevoir un soufflet sans jamais se fâcher... les femmes et les évêques. »

☞ Un jour que le duc de Laval sollicitait auprès de lui une place pour un jeune homme que l'on voulait marier avec une demoiselle de bonne maison, M. de T......... ne demanda ni le nom du jeune homme, ni quelle était sa famille, ni s'il était gentilhomme; tout fut compris dans cette brève interrogation : « — Est-ce quelqu'un? »

☞ Le dédain est chez M. de T......... une sorte d'instinct : ses gestes, ses traits, le son de sa voix, ses moindres mouvemens l'expriment quelquefois d'une manière si spontanée, que si un acteur, dans le rôle du glorieux, parvenait à l'imiter, il serait couvert d'applaudissemens. Personne ne sait mieux que lui donner de l'impertinence aux formules de la politesse la plus exquise, et convertir un éloge en critique. A-t-on l'air d'attendre de M. de T......... un compliment sur un tableau, sur une pièce de vers, il vous accable de ce peu de mots : « Je n'ai jamais rien vu de si beau ! » Nous tenons d'ailleurs pour certain qu'il vaudrait mieux être mis à la porte d'une maison, que de s'entendre dire, avec la voix brute de M. de T......... : « *Votre serviteur ben humbe.*»

☞ Il est des noms si mal sonnans à l'oreille, qu'ils semblent fermer à ceux qui les portent la voie de la célébrité. Rivarol, dans son petit dictionnaire des

Grands hommes, en fait la remarque à l'occasion de trois académiciens : Fenouillot-Falbert de Kingé, Groubert de Grouhental, et Louis-Thomas de la Mistringue. M. de T........., qui partage à cet égard le sentiment de Rivarol, n'en revenait pas lorsqu'il apprit que M. Jacquinot venait d'ajouter à son nom le nom de sa femme : « Une des choses que j'ai le plus de peine à concevoir, disait-il, c'est que, lorsque l'on a eu le malheur de recevoir de son père le nom de Jacquinot, on aille volontairement et de gaîté de cœur y joindre le nom de Pampelune! »

» Lorsque l'honorable M. Delaveau fut nommé préfet de police, à la grande satisfaction des dévots de toute robe, on approchait de l'époque de l'année où l'Opéra donne des bals masqués. Les Catons de la police firent à leur chef

un rapport bien noir sur l'épouvanta-
ble scandale de ces damnables réunions.
Ce rapport fut présenté à près de mi-
nuit, le soir même où avait lieu le premier bal masqué. La pendule du foyer de
l'Opéra y était dénoncée comme perver-
se , immorale, hérétique peut-être ; on
l'accusait sans ménagement, sans l'ad-
mettre à se justifier de favoriser une foule
de rendez-vous illicites : « C'est auprès
d'elle, disait-on, que les amans dégui-
sés conviennent de se retrouver à telle
ou telle heure. » M. Delaveau se signait, il ne pouvait le croire, mais le
scandale était évident. Aussitôt donc ,
un gendarme fut mandé, et, porteur
d'une dépêche édifiante, se rendit en
toute hâte auprès de l'administrateur
de l'Opéra , obligé de se conformer au
contenu de la dépêche. La pendule
cessa de marquer les heures durant

toute cette nuit de perdition. Ce fait, de la plus scrupuleuse exactitude, fut raconté le lendemain dans le salon de M. de T....... « — C'est pousser, dit-il, un peu trop loin la manie des arrestations que de faire arrêter la pendule de l'Opéra par la gendarmerie. »

Quelle que soit l'opinion que l'on ait eue de la prétendue mission de Maubreuil, il n'est point d'âme honnête qui n'ait été indignée de l'attentat d'un homme encore jeune sur un vieillard, et tout Paris s'empressa de se faire écrire chez M. de T.......... Ayant quelques momens de loisir, il se fit apporter toutes les listes, moins pour lire les noms inscrits que pour chercher ceux qui n'y étaient pas. M. Delaveau se trouva, pour un moment, ressembler par l'absence de son nom aux images de Cassius et de Brutus. M. de T......... en ayant fait la remarque, dit à la duchesse de ****, qui se trouvait près de lui : « — Dites donc, ma nièce, Delaveau est bien peu curieux pour un préfet de police? »

» Nous avons parlé ailleurs de l'effet que produisit l'apparition de la brochure du duc de Rovigo, relativement à la mort du duc d'Enghien. Voici une des circonstances les plus remarquables de cette affaire : M. de T......... fut obligé, dans le premier moment des vives contrariétés que lui causa une attaque aussi imprévue, de s'expliquer auprès de Louis XVIII. Il rédigea donc un mémoire, qui remplissait douze feuilles de papier à lettre, et dont les termes, comme on peut le croire, étaient mesurés avec tout ce que la prudence peut ajouter à l'esprit; les premiers mots de ce mémoire étaient remarquables, il commençait ainsi : « Sire, je n'apprendrai rien à Votre Majesté. »Et telle était effectivement la franchise de ce débat, que Louis xviii n'apprit rien à la lecture de ce mémoire.

Nous sommes, nous, profondément convaincus que M. de T......... fut totalement étranger au crime politique qui frappa ce rejeton de la branche royale que M. Pitt appela un jour la branche de laurier ; il paraît même que cette conviction est entrée dans les esprits où M. de T......... souhaite le plus ardemment de la voir pénétrer. S'il en était autrement, comment un grand rapprochement aurait-il eu lieu ? Comment M. de T......... se serait-il trouvé avec M. le duc de Bourbon, il n'y a pas fort long-temps, à la bénédiction nuptiale de mademoiselle ***? Ce n'est pas tout : M. de T......... a été toute sa vie un diplomate trop habile pour entamer une négociation sans d'heureuses chances de succès, et, en ce moment même, il négocie, il met beaucoup de suite, beaucoup d'intérêt à ses démarches. Il ne s'agit ni de bouleversement d'états, ni d'un congrès; le but unique qu'il se propose est d'amener M. le prince de Condé à chasser à Valencey. On croit que M. de T......... a déjà essayé son habit de chasse.

  On demandait à M. de T......... ce qui s'était passé dans une séance où la discussion s'était établie entre M. d'Hermopolis et M. Pasquier : «—Le ministre des affaires ecclésiastiques, dit-il ,.... a été comme le trois pour cent : toujours au-dessous du pair. »

➳ Certain courtisan qui faisait profession d'abhorrer l'industrie tout en profitant amplement des subsides qu'elle fournit aux *voies et moyens* du budget, se plaignait de voir tant de vénérables manoirs se transformer en usines ou en ateliers : «— Décidément, disait-il, les industriels envahissent tout. — Ah! mon dieu oui, reprit le prince,.... ils pénètrent jusques dans le palais.... Voyez plutôt la dernière exposition :

Et la garde qui veille aux barrières du Louvre
N'en défend point les rois!

➳ Après l'une des séances de la chambre des Pairs où M. Pasquier traita de maître à clerc avec M. de Peyronnet, comme on parlait chez M. de T........ de l'incroyable humiliation du garde-des-sceaux, on assure que le prince prit la défense du ministre : «Je conviens, dit-il, que M. de Peyronnet ne savait plus où il en était; le peu d'habitude de se trouver avec des gens comme nous explique assez son embarras; malgré cela, je puis vous assurer qu'il a fait de l'effet, mais beaucoup d'effet. — Comment cela? — Comme une médecine. »

⋙ Quoique M. de T.........ait un grand train de maison, beaucoup de domestiques, beaucoup de chevaux, il n'affiche point à Paris un luxe extérieur, c'est à V. qu'il déploie toute la magnificence que permet son immense fortune. De sa personne, il est fort simple, et il est rare que chez lui son costume soit autre qu'une longue redingote bleue boutonnée jusqu'en haut. Il ne fait qu'un seul repas, où il boit fort peu de vin, à l'exception de quelques verres de vin de Madère; en général, la bonne chère n'a jamais eu pour lui qu'un rang très-secondaire dans les plaisirs de la vie, quoique les circonstances l'aient quelquefois forcé à connaître la mauvaise. A l'exception des femmes, pour lesquelles peu d'hommes ont été aussi passionnés, on pourrait dire que tous ses plaisirs ont été intellectuels, n'était le besoin de faire tous les jours une partie de wisk. Il en fit une un jour fort remarquable par la singularité des conditions, ayant pour partner le feu duc de.... Nous la livrons avec confiance à la méditation des parieurs anglais. Ces messieurs convinrent, avec leurs adversaires, de faire cent *robers*, dans un nombre de soirées donné; quand ils perdaient, ils ne payaient rien; leurs adversaires, au contraire, leur donnaient cinq louis par chaque fiche perdue, mais on tenait note exactement de chaque jeton perdu ou gagné; et si, à la fin du dernier *rober*, M. de T......... et le duc de... avaient été en perte d'un seul jeton, ils étaient convenus de payer cent mille francs à leurs adversaires. Le sort, ou plutôt le bien jouer, les favorisa, car M. de T......... est très-fort au wisk.

☛ On parlait du rejet de la proposition de M. Romain Deseze, qui demandait à la cour royale de Paris de faire poursuivre deux journaux comme coupables de tendance. Le jeune président de chambre n'avait pas un seul approbateur dans le salon de la rue Saint-Florentin. «Savez-vous, dit M. de T........., ce qui va arriver?... C'est que M. Séguier

14

prendra pour devise ce vers de Corneille :

Je rends grâces aux cieux de n'être pas Romain.

» Il est de sottes discussions qui font quelquefois naître un mot spirituel, et en voici un exemple. M. de T..........en tendant discuter dans le salon de madame de Luines sur la prééminence de l'empire ou de la restauration, mit les interlocuteurs d'accord par ce peu de mots : «—Sous l'empire on était fort en retard ; on ne faisait que des merveilles, tandis qu'actuellement on fait des miracles. »

» Lorsque M. P., un de ces malencontreux parasites qui parlent souvent de ce qu'il faudrait taire, vint faire à M. de T......... son compliment de condoléance sur la faillite

Paravey, où le prince a perdu deux millions, le philosophe diplomate lui répondit : « Mon pauvre P., voyez-vous; le bon Dieu nous a mis des yeux dans le front, afin que nous regardions devant et jamais derrière.

➣ Monseigneur, que pensez-vous du projet de loi sur la presse, présenté au nom du ministère par M. de P.? — Je pense qu'il n'est pas Français, car il est bête.

➣ Comment vous trouvez-vous dans ce fauteuil dont j'ai fait rembourrer pour moi le dossier extraordinairement? — Mais pas trop bien, Madame; votre fauteuil est comme le temps qui court, il fait hausser les épaules.

➣ — MADAME DE V : — Pourquoi cet

homme écrit-il tant? — Pour ce qu'il pense, apparemment? — Du tout, on n'écrit pas pour ce qu'on pense, mais pour ce qu'on dépense.

➤ Il y a quelques années qu'une lettre datée de Sainte-Pélagie rappela à M. de T......... un souvenir de sa jeunesse. On lui écrivait qu'un pauvre prisonnier de sa connaissance, parvenu enfin à espérer sa liberté prochaine, lui demandait la permission de se présenter devant lui. Le prince donna ordre de le recevoir. A peu de jours de là, il vint en effet un vieillard, mais M. de T......... ne se souvint pas de l'avoir jamais vu. — Vous ne me reconnaissez pas, Monseigneur? — Mais bien confusément. — J'ai été autrefois établi richement au faubourg Saint-Germain. Mon père (et moi après lui) nous étions rôtisseurs près de Saint-Sulpice; nous avons fait d'assez mauvaises affaires, et je voudrais bien, par votre crédit, obtenir une petite place. — Comment? — C'était notre maison, Monseigneur, qui fournissait les volailles rôties que vous mangiez les jours maigres, quand vous étiez au séminaire.

—C'est bon, c'est bon, interrompit M. de T..........

— Vous vous souvenez bien? Vous les emportiez quelquefois vous-même sous votre manchon.

— Assez, vous dis-je.

Et le pauvre Picot est maintenant commis de l'octroi à la barrière du Maine.

—

A MADAME DE ***.

Enghien, 5 juin 1828.

J'ai gardé votre *Album* un peu plus de trois jours, ma bonne amie, parce que M. de S. était allé pour sa santé faire un petit voyage à Aubonne, à Montlignon, à Franconville, et dans tous les euvirons de Montmorency. J'ai pensé qu'il ne serait pas bien que je remerciasse toute seule son ingénieuse protectrice, et j'ai voulu que la petite poche de soie bleue fût, au retour du volume, aussi bien employée qu'au départ. Quand ou est mis, de gré ou de force, pour quelque chose dans les bonnes actions, il est permis de vouloir s'associer aux petits profits de la reconnaissance. Je désire donc que vous soyiez aussi contente de moi que je l'ai été de votre recueil.

Je vous le renvoie par la poste, plutôt que par un curieux laquais, parce que j'ai entendu dire à votre diplomate lui-même qu'on cherchait quelquefois bien loin des finesses que les bonnes gens trouvaient tout seuls; que les *cachoteries* éveillaient toujours les soupçons, et que celui qui semble le plus niais était bien souvent le plus habile. Combien de femmes, en effet, n'oseraient prendre des mains d'un agent mystérieux un billet, même sans adresse, caché dans un bouquet, ou demi couvert par les étoffes d'une marchande à la toilette, qui s'emparent sans hésiter d'une missive apportée par le facteur. Le plus jaloux en voyant la suscription timbrée et le chiffre bourgeois des quinze centimes, dédaigne de s'informer de l'auteur d'un tel envoi. Couturière, pense-t-il négligemment; demande d'argent sur un mémoire; invitation à dîner, ou quête dans la paroisse. Et il passe à côté d'un secret sans le pressentir ; et il fait quelquefois jouer dans ses doigts la preuve écrite de la perfidie qu'il redoute.

En mettant ici trois cachets sur cette enveloppe, je suis assurée de lui donner un air ministériel, qui dégoûtera de l'ouvrir les plus intrépides. Ou bien si on me fait la grâce de ne pas me croire attachée à la sous-préfecture de Saint-Denis, on pensera que votre procureur vous renvoie je ne sais quel dossier dont vous n'avez que faire.

Maintenant, ma belle, laissez-moi vous parler un peu de votre livre, car c'en est un. Savez-vous que vous êtes un intrépide panégyriste? J'explique la partialité que vous avez pour le *héros*; je comprends comment il se peint avec tant d'avantages dans vos beaux yeux; mais l'amour seul aurait le droit d'être aveugle, et il ne vous est pas permis de refuser ici la lumière. Souffrez donc la contradiction, et laissez-moi vous demander si l'homme dont je vais vous esquisser à mon tour quelques traits, n'est pas le même que celui dont vous avez si minutieusement consigné les faits et les gestes.

D'abord, où est-il le jeune et fringant abbé qui, portant manteau court et cheveux au vent, suivait d'un peu loin les belles dames du Luxembourg, et de fort près les grisettes de la rue Garancière? Qu'est-il devenu l'adolescent évêque, redoutant, craignant l'excès de sa propre hilarité au pied de l'autel de la fédération? L'ambassadeur d'Angleterre, l'exilé de Saint-Domingue et le ministre du directoire, se dessinent à peine dans mon imagination, par les secours du portrait gravé par Desnoyers. Et comme les temps du vice-grand - électeur de l'empire, même ceux du chambellan de la restauration, me reportent aux jours de mon enfance, je ne me peins bien nettement M. le prince de Bé...., que comme je l'ai vu dans l'année de grâce 1828. La première fois, c'était au salon de peinture : nous vîmes venir, ou plutôt traîner entre deux valets habillés de noir, une espèce de figure immobile, qui glissa du même pas devant les croûtes et les chefs-d'œuvre; au pied des tableaux de Coudert et de la Czarine de M. Picot. Je le pris pour un personnage de Curtius, dont la cire serait un peu trop jaune, ou pour une de ces machines automatiques, traversant le Louvre pour aller se placer à l'exposition de l'industrie française. La seconde fois, c'était à son hôtel : vous m'entraînâtes, dans toute la ferveur de notre récente amitié,

jusqu'à son cabinet, pour lui demander ses chevaux, à notre seul
profit pendant toute la journée,
et nous le surprîmes lisant les gazettes avec une attention singu-
lière. Il en était entouré, flanqué,
inondé! Vêtu d'une robe de
chambre à fleurs, coiffé de cinq
ou six bonnets de coton avec un
large ruban aurore, il tenait la ga-
zette de Francfort fixée sur une
planchette. Tous les journaux de
l'Europe étaient autour de lui,
et tous étaient attachés de même
sur un morceau d'acajou, comme
pour les lecteurs du café des Tuileries. Il lisait de cet air que devait avoir la sybille, au milieu de
feuilles éparses de tous les autres
augures. On aurait dit un astro-
logue interrogeant quelques car-
tons cabalistiques.

Maintenant je vais placer sous vos yeux une suite de faits que mes amis et moi nous nous sommes amusés, dans ces matinées dernières, à chercher dans une foule de vieilles et très-sûres mémoires. Ce sera comme le revers de la médaille que vous avez frappée en l'honneur de votre homme d'état.

Vous êtes trop amie de la liberté de penser, et de toutes les libertés possibles pour nous empêcher de remonter, à notre façon, le *fleuve* de cette vie, si bizarrement agité ; et vous savez qu'on profite de la médisance plus que de la flatterie.

Commençons.

En 1791, M. de Lautrec, ancien ami de la famille Pé..., parlant à M. de T......... de sa conduite politique, lui disait, dans un mouvement de colère : Si votre père eût pu prévoir toutes ces belles choses, il vous eût arrangé les bras comme vous avez les jambes.

Le 28 avril 1787, Mirabeau s'exprimait de la manière suivante dans une lettre à un de ses amis; on sait que Mirabeau était violent :

« .... Ma position assombrie par l'in-
» fâme conduite de l'abbé de P. est
» devenue intolérable. Je vous envoie,
» sous cachet volant, la lettre que je lui
» répète, jugez-la, et envoyez-la lui;
» je récris, envoyez-la lui, car j'aime
» à penser que cet homme vous est in-
» connu, et je suis bien sûr au moins,
» qu'il devrait l'être à tout homme de

» votre trempe. Mais l'histoire de mes
» malheurs m'a jeté entre ses mains,
» et il me faut encore user de ménage-
» ment avec cet homme, avide, bas et
» intrigant; c'est de la boue et de l'ar-
» gent qu'il lui faut. Pour de l'argent il
» a vendu son honneur et son ami;
» pour de l'argent il vendrait son âme,
» et il aurait raison, car il troquerait
» son fumier contre de l'or....

Paris, rue Ste -Anne, Hôtel de Gênes 28 avril 1787.

☞ On trouve dans *les actes des apôtres*
l'épigramme suivante, publiée à propos
de la fameuse adresse aux provinces.

Dans ses écrits chacun a sa manière :
L'un brille en un discours, l'autre dans un rapport ;
　Quant au préfet, que la France révère ,
　　On sait que l'adresse est son fort.
Du brûlot qu'en ce jour on prône avec transport ,
　　Ami, veux-tu savoir le père ?

Tout le moelleux est à Champfort ,
A Sieyès tout l'incendiaire ,
Tout ce qui cloche à Périgord.

Dans la pièce intitulée : *le Noël Pri-sicrotique*, ou dans le même recueil , on disait , en parlant de l'évêque d'A. :

. . . .

Mais un prélat qui semble,
Lorsqu'il ne rampe pas,
Aller l'aubin ou l'amble ,
Traîne là-haut ses pas.

On attribue à Chénier cette épi-gramme.

Roquette dans son temps
T........dans le nôtre,
Furent tous deux à l'évêché d'Autun.
Tartufe est le portrait de l'un,
Ah ! si Molière eût connu l'autre !

Lorsque, sous le consulat, on créa *L'Argus*, journal anglais, qui parut trois fois par semaine, et dont la rédaction devait être faite dans les bureaux secrets du ministère des affaires étrangères, M. de T........ envoya chercher Goldsmith. Celui-ci assure qu'il répondit au ministre : «Je ne loue pas et je ne vends pas ma plume pour de l'argent. » A quoi M. de T......... aurait répliqué : « Vous êtes un niais ; au reste, écrivez comme vous voudrez, vous n'aurez pas de censeur et vous ne serez pas soumis aux restrictions de la police. » Le jour où parut le premier numéro, il fut saisi par la police à sept heures du matin, et relâché à deux heures après midi. Il était soumis à la censure d'un M. A....., que Goldsmith désigne comme un des espions de M. de T......... Au bout de quatre mois on ne se contenta pas d'ôter à Goldsmith la rédaction de *l'Argus* ; il fut arrêté, mis au secret, au cachot, à la préfecture de police, et enfin renvoyé de France après avoir subi de cruelles persécutions. La vérité est que tous ces ordres sévères émanaient du cabinet du premier consul. Seulement, en adroit courtisan, M. de T......... ne fit rien pour empêcher que toute cette affaire lui fût attribuée. Il se peut que Goldsmith ait été mal informé; mais malgré son emprisonnement, malgré son brusque renvoi, deux circonstances bien propres à lui donner de l'humeur, Goldsmith a probablement voulu se venger plutôt que rendre hommage à la vérité, quand il a imprimé dans un pamphlet publié à Londres, sous le titre de Cabinet de Saint-Cloud, les phrases suivantes : « Mirabeau et T......... avaient été gagnés par la cour; mais le dernier craignant les conséquences de l'imprudence à laquelle il avait été entraîné, et fidèle à la maxime que le crime ne doit pas avoir de confidens, trouva moyen d'empoisonner Mirabeau dans une partie carrée qu'ils firent avec leurs maîtresses chez un restaurateur. Mirabeau expira dans les bras de Barrère, et ses dernières paroles furent (dit Goldsmith) : C'est ce gueux de T........ qui m'a donné mon dernier bouillon ; madame *** vous dira le reste. »

➤ Cambacérès dit un jour à M. de T......... : « On fait force épigrammes contre le comte Sieyès, on a tort. Je vous assure que dans les différens discours que je lui ai entendu prononcer à la tribune de nos assemblées, je lui ai toujours reconnu un esprit très-profond. — Profond n'est pas le mot, c'est creux, très-creux que vous voulez dire. »

» Au reste, quelque temps auparavant, Sieyès avait fait, soit exprès, soit par préoccupation, une réponse que le mariage récent de M. de T...... rendait fort piquante. Celui-ci le priait de faire placer dans l'instruction publique un homme auquel il s'intéressait. — « Mais, dit l'abbé Sieyès, vous n'y pensez pas; c'est impossible, votre protégé est un prêtre marié. »

Ces deux anecdotes relatives à deux hommes diversement célèbres nous ont fait penser que vous ne liriez pas sans curiosité le portrait de l'un et de l'autre, extrait d'un ouvrage très-rare que M. Saladin de Genève publia à Londres en 1800, sous le titre de : *coup-d'œil politique sur le continent*. Tout, dans cet ouvrage, n'est pas également judicieux, puisque l'auteur y dit que le dix-huit brumaire sera avantageux aux républicains. Mais voici un extrait du parallèle que l'auteur établit entre l'abbé Sieyès et l'ancien évêque d'Au....

« Sieyès était abbé et grand-vicaire de Chartres; il a été disposé de bonne heure à la méditation et à l'étude; il a porté vers la politique un esprit susceptible d'être tourné avec succès vers d'autres occupations, si les circonstances l'y eussent acheminé : la révolution le saisit dans sa maturité la plus parfaite; il en prévit les suites et en dirigea souvent les ressorts sans se mettre néanmoins trop en évidence, et sans qu'il ait été accusé par les témoins oculaires de la tyrannie de Robespierre d'avoir participé aux mesures sanglantes qui déshonorèrent alors les comités gouvernant la France,

» S'il s'est chargé d'un grand délit, il ne s'est pas du moins montré vindicatif comme un prêtre furieux qui a été son assassin.

» Sieyès, au rapport de tous ceux qui le connaissent, est foncièrement paresseux, et il est beaucoup moins dominé par l'ambition de remplir un poste éminent que par le désir de voir adopter et cheminer un système conforme aux principes qu'il a long-temps mûris et roulés dans sa tête. — Il aurait pu se placer dans le directoire dès sa création, et ensuite à chaque mutation ; il ne l'a pas voulu : il croyait que les frottemens seraient moindres, les factions moins actives, et la guerre moins prolongée. — Il accepta avec peine la légation de Berlin ; tout rôle ostensible lui coûtait, et il fallut, pour le déterminer à celui-ci, la conviction qu'il serait d'une grande utilité à son gouvernement : il croyait que la paix serait conclue à Rastadt. — Si au printemps suivant il ne refusa pas le directorat, c'est qu'il avait apprécié les faux principes de Rewbell et étudié, en pays étranger, quels étaient les vrais intérêts de la France, et quel mouvement il fallait imprimer à la direction des affaires.

» Après la secousse du 30 prairial le conseil des Cinq-cents lui manqua de foi, et au lieu d'élire les vrais amis de Sieyès (T......... et Cambacérès) avec Ducos, suivant ce qui avait été convenu, on ne choisit que ce dernier, et on lui accola deux membres, (Gohier et Moulins) qui devaient favoriser les entreprises révolutionnaires du conseil. Barras se trouva alors dans la position où avait été Lareveillère-Lépaux au 18 fructidor. Barras, efféminé et corrompu , n'avait pas des vues bien étendues. Il fut facile de le faire pencher du côté des hommes qui inclinaient vers les Jacobins. Barras aimait une force d'apparat plutôt que cette force stable de douceur et de paix à laquelle visait Sieyès.

» Il y avait alors comme un schisme dans le gouvernement du directoire : son influence se fit sentir sur les opérations militaires. Plus calme, Sieyès fut celui qui dût atteindre; il redouta les *impatiens,* comme il l'a dit plus d'une fois, et médita en silence une nouvelle mesure de salut.

»Pour exécuter cette mesure, il avait le choix entre Moreau et Bonaparte ; ce fut ce dernier qui eut la préférence , sans que l'on puisse cependant attribuer, sans crainte d'erreur, son retour d'Égypte à un appel de Sieyès. Les talens politiques de Sieyès furent reconnus à Berlin et à Paris; son caractère froid et calme ne s'est point démenti dans toutes les épreuves de la révolution. La haine et la vengeance demeurèrent toujours étrangères à ses déterminations, et ses erreurs, quelque graves qu'elles aient pu être, n'eurent jamais pour mobile l'intérêt personnel.

» M. de T,........., l'ami de l'abbé Sieyès, et le compagnon de ses travaux politiques, n'est point sans ressemblance avec lui. M. de T......... eut, au commencement de la révolution, des torts qui lui furent communs avec tous ceux qui aspiraient à de grands changemens. Mais quel homme, en s'examinant bien, oserait nommer crimes de pareils torts? Un des malheurs de M. de T......... a été de se trouver à la tête de la noblesse comme Pé......, et du clergé comme évêque. S'élançant hors de la ligne que suivaient ces deux ordres, il était impossible que l'un et l'autre ne fussent pas irrités contre lui, et il paraît qu'il s'y attendait, car on ne l'en a jamais vu ému.

» T......... a deux avantages sur Sieyès : de n'avoir pas voté la mort du roi, et de ne pouvoir pas même être suspecté d'avoir pris part au régime de la terreur ni aux opérations de Robespierre, dont il fut, au contraire, la victime. Forcé de rester en Angleterre, ensuite de passer en Amérique, puis à Hambourg, on sait qu'il ne rentra en France qu'à la fin de 1795, avec le général Montesquiou, et sans risquer de passer pour émigré.

» Dès l'origine, il prit une très-grande part aux travaux de l'assemblée constituante. — Il fut du premier comité de constitution avec Sieyès, Cambacérès, Desmeuniers et Barnave. Il fut attaché à la légation d'Angleterre sous Chauvelin, qui a prétendu dès lors y avoir été le principal faiseur, ce que ses amis ne croient pas tout-à-fait. — Il a été membre du département de Paris avec MM. de La Rochefoucauld, Desmeuniers, Garnier et d'autres hommes probes et éclairés, de ceux qui eussent désiré d'abord une monarchie mitigée, analogue au gouvernement anglais, ce qui, d'après le changement de circonstances, ne serait plus possible depuis long-temps sans retomber inévitablement peu après dans le royalisme.

» T............, né avec un esprit délié et une facilité remarquable pour le travail, a acquis des connaissances profondes en politique; et c'est aussi ce qui le fait envisager au dehors comme un homme fort dangereux ; néanmoins la carrière est ouverte à toutes les nations, et si l'on récompense chez soi ceux qui s'y distinguent, comment a-t-on droit de maudire les négociateurs étrangers doués du même talent !

» T........., plus aimable et plus dissipé que Sieyès, a néanmoins avec lui un rapport de caractère très-marqué ; c'est un fonds de paresse et d'insouciance personnelle, et de douceur, qui ne se sont jamais démenties lorsqu'il a occupé, pendant deux ans, le ministère des affaires étrangères. En arrivant à ce ministère, son projet, ainsi que celui de Sieyès, était de faire dès lors ce qu'ils exécutent aujourd'hui. (Après le 18 brumaire.) Il conserva le ministère, malgré bien des circonstances pénibles et désagréables , jusqu'à la crise du printemps dernier, dans l'espérance que les chances détruites par la faction fructidorienne se présenteraient de nouveau, et qu'il serait possible de travailler utilement à les faire réussir.

» Aucun de ses subordonnés, ni de ceux qui ont traité avec lui, ne se sont plaints de la moindre hauteur de sa part. Tout sentiment haineux, quant à ce qui le concerne, lui est étranger. Un seul jeune homme, dirigé par Antonelle et consors, auxquels M. de T......... déplaisait fort, a été mis en avant contre lui. Il se trouva que ce personnage avait escroqué à la caisse des affaires étrangères une centaine de louis pour une mission qu'il n'a jamais remplie. On couvrait, en 1799, les murs de Paris de placards sur cette affaire, afin de nuire à M. de T........., qui n'a pris la peine d'y répondre qu'un an après, lorsque les Jacobins, devenus puissans, l'eurent assailli directement et furent enfin parvenus à l'éloigner du ministère en intimidant momentané-ment trois directeurs. »

▶ Le 15 juillet 1797, M. de T......... fut nommé ministre des relations exté-rieures de la république française ; il donna sa démission le 19 juillet 1799. A cette époque, des méfiances, des plaintes, des dénonciations s'étaient élevées contre lui ; ce fut alors que parurent, sous la date du 25 messidor an 7 (13 juillet 1799), *les éclaircisse-mens donnés par le citoyen T......... à ses concitoyens*, dans lesquels entre autres traits curieux, on trouve le passage suivant : « ou bien la république s'af-» fermira au milieu de tant de chocs ;

» ou nous serons abîmés dans la con-
» fusion, dans la destruction de tout ;
» ou la royauté reviendra nous asservir,
» mais avec un surcroit de rage et de
» tyrannie. Toute autre supposition est
» pour moi une chimère, et sans doute
» j'ai donné assez de garanties contre
» ces deux derniers régimes.... Il est
» donc démontré que je n'ai, que je ne
» puis avoir d'autre vœu que celui de
» l'affermissement et de la gloire de la
» République. » (Pages 8 et 9.)

Pour justifier la rupture avec l'Angleterre, Bonaparte est inspiré ou bien
servi par son ministre, le citoyen
T......... P. cet ex-évêque d'Au...,
célèbre constituant (v. 2 nov. 1789),
ce futur prince laïque (v. 5 juin 1806),
celui-là même qu'on revoit dans toutes
les phases de la révolution ; ce pa-
triote auquel la convention permit par

décret spécial (v. 4 septembre 1795) de revenir en France avec ses principes républicains ; ce diplomate fortement inculpé d'avoir rédigé la note justificative de la journée du 10 août 1795 et de la déchéance de Louis XVI, note adressée aux cabinets étrangers (v. le mon. n° 190 an 1798), ce ministre du directoire qui, dans sa correspondance avec le ministre des États-Unis, avait ouvert une négociation que les ministres américains ont publiée, et a mis la maison Bellamy de Hambourg dans une sorte de nécessité d'expliquer certaines parties de ses relations avec T......... dont les lettres sont devenues publiques.

» 2 novembre 1789. — Un décret rendu sur une motion primitive de l'évêque d'Au... met à l'entière disposition de la nation tous les biens ecclésiastiques à la charge de pourvoir, d'une manière convenable, aux frais du culte, à l'entretien de ses ministres, et au soulagement des pauvres, sous la surveillance et d'après les instructions des provinces... L'évêque d'Au... est ce personnage fameux qu'on retrouve dans les principales phases de la révolution, croissant et diminuant comme elles, et célèbre enfin à force de variations politiques. (L'abbé de Montgaillard.)

» La plupart des hommes publics ne sont souvent que les parrains des ouvrages dont ils passent pour être les pères. L'évêque d'Au... acquit une grande réputation politique et littéraire par ses rapports et ses discours à l'assemblée constituante : mais on soupçonne qu'ils étaient l'ouvrage de l'abbé Bourlier, depuis évêque d'Evreux, que T....

fit venir à Paris, et chargea de travailler pour lui. Après la mort de l'abbé Bourlier, T......... eut recours à l'abbé Desrenaudes. C'est avec ce dernier qu'il a fait ses rapports, ses discours, ses compositions diplomatiques, et jusqu'à de simples lettres. L'ex-évêque d'Au... a beaucoup d'esprit, mais peu d'instruction et de connaissances positives, et ne saurait passer pour un grand homme d'état, qu'aux yeux des personnes qui prennent la souplesse de l'esprit pour le génie, et la représentation pour le talent.

Un jour, (c'était sous le gouvernement directorial,) T........ est mandé à l'improviste par le directoire. Rewbel le charge de faire sans désemparer un rapport sur les puissances barbaresques et de donner son avis sur une affaire importante qui se négociait à Alger. « Voilà du papier et des plumes, placez-vous à cette table, et rédigez le rapport, dit Rewbel au ministre des affaires extérieures, qui se met aussitôt à l'ouvrage. Mais la science diplomatique n'arrive pas, et l'esprit tout seul est insuffisant, lorsqu'il faut des développemens positifs avec des preuves à l'appui. M. de T......... griffonne, rature, tourne et retourne en tous sens : le travail n'avance pas. Rewbel s'impatiente, et traite assez cavalièrement le ministre de la diplomatie directoriale. Enfin M. de T......... dit au directeur : «Un semblable travail ne peut se faire qu'à tête reposée; il me faut le silence du cabinet. Ici, l'on sort, l'on entre à chaque instant. Je vais chez moi, et bientôt je vous rapporterai ce que vous demandez.» En effet, au bout de quelques heures, M. de T.........donna au directoire un travail excellent.

» Quand M. de T......... fut nommé vice-grand-électeur de l'empire, Fouché son éternel antagoniste, dit : «Dans le nombre, cela ne paraîtra pas; c'est un vice de plus. » Nous aurions répugné à rapporter cette sorte de calembourg sorti de la bouche de Fouché, homme peu plaisant de sa nature, si Fouché n'eût depuis été l'objet d'un sarcasme de M. de T......... Celui-ci racontait un jour que Fouché, ministre impérial, oubliant ses antécédens, disait, en parlant d'une discussion qu'il avait eue avec Robespierre, au comité de salut public : « Ce soir là, j'étais fort embarrassé ; je tenais tête à Robespierre, il pensa que j'avais tort; il me dit : Permettez-moi, M. le duc d'Otrante... —

Ah ! ah !... duc... déjà.... » Cette première attaque en amena d'autres. Il y eut pourtant du repos. Fouché, comme on le sait bien, fut exilé, sous le titre d'ambassadeur, à Dresde. M. de T........ alors premier ministre, le reçut ; et Fouché, qui, malgré tout son esprit, n'avait pas pu comprendre qu'un régicide ne pouvait pas être long-temps ministre de Louis XVIII, lui dit : « Ainsi donc, coquin, tu me renvoies? — Oui... imbécille. »

➤ M. de T......... n'aimait pas le comte Rostopschine; il savait que cet illustre incendiaire avait écrit à un de ses amis qu'il venait à Paris pour y voir les deux plus grands farceurs de l'Europe : Potier et le prince de T...........

➤ Voici comment un journal anglais,

le London magazine, rend compte de l'entrevue de M. de T......... avec le préfet de police Anglès, quelques instans après que celui-ci eut délivré à Maubreuil les ordres que tout le monde connaît.

Il paraît que Maubreuil s'était présenté chez M. Anglès avec une lettre de M. R...-Lab...., qui faisait alors près du prince les fonctions de secrétaire-général. Cette lettre était à peu près conçue comme il suit :

« MON CHER,

» Remettez, je vous prie, à M. de Maubreuil, dont le royalisme et les bons sentimens sont connus, un ordre analogue à celui que lui a remis le ministre de la guerre, et qu'il vous fera voir. »

Lorsque M. Anglès eut signé l'ordre

qu'on lui demandait, il ne tarda pas à réfléchir à l'imprudence qu'il avait commise en déléguant de tels pouvoirs sous la seule garantie de M. Lab..... Dans son trouble, il courut chez M. de T......... pour savoir s'il avait autorisé M. R..... Lab..... à lui écrire de remettre l'ordre en question. M. de T........., avec ce visage impassible qu'on lui connaît, répondit : « Je ne sais ce que cela veut dire; si Lab.... était ici, il nous l'expliquerait, mais il est sorti, et je ne crois pas qu'il rentre de sitôt. — Mais, Monseigneur, reprit le préfet de police dans le plus grand trouble, m'autorisez-vous à faire arrêter M. de Maubreuil? » M. de T......... répliqua avec le même sang-froid : « Vous ferez à cet égard, mon cher, tout ce qui vous paraîtra convenable. »

M. Anglès comprit qu'on laisserait

retomber sur lui et sur le ministre de la guerre la responsabilité de tout ce que Maubreuil pourrait faire. Il se décida à envoyer à la poste l'ordre de ne pas lui donner de chevaux, mais il était trop tard, Maubreuil était déjà sur la route de Fontainebleau.

» Je me suis entretenu pendant long-temps avec Napoléon, qui était dans son bain, dit le docteur O'Meara (Echo de Sainte-Hélène, t. 1, p. 204). Lui ayant demandé son opinion sur T.......... — T.........? me dit-il, est le plus vil des agioteurs, un bas flatteur, un homme qui a trahi tous les partis, tous les individus; prudent et circonspect, toujours traître, mais toujours en conspiration avec la fortune; T......... traite ses ennemis comme s'ils devaient être un jour ses amis, et ses amis comme s'ils devaient devenir ses ennemis; c'est un homme à talent, mais on ne peut rien faire avec lui qu'en le payant. Les rois de Bavière et de Wurtemberg m'ont fait tant de plaintes sur sa rapacité, que je lui retirai le portefeuille. J'appris en outre qu'il avait divulgué à quelques intrigans un secret des plus importans que j'avais confié à lui seul. Lorsque je revins de l'île d'Elbe, T.......... m'écrivit, en m'offrant ses services, pourvu que je lui pardonnasse et que je lui rendisse ma faveur. Il argumentait, d'après une proclamation qu'il citait, et dans laquelle je disais qu'il était des circonstances auxquelles il était impossible de résister; mais je réfléchis que je devais faire quelques exceptions, et je le refusai, parce que si je n'avais puni personne, cela aurait excité l'indignation.»

Je lui demandai s'il était vrai que T......... lui eût conseillé de détrôner le roi d'Espagne, ajoutant que je tenais du duc de Rovigo que T......... avait dit en sa présence : « Votre Majesté ne sera jamais en sûreté sur son trône tant qu'un Bourbon en occupera un autre. » Napoléon répondit : « C'est vrai, il m'a conseillé de faire tout ce qui pourrait nuire aux Bourbons. »

➤ Carnot n'était point un faiseur de bonsmots : l'homme le plus positif qui ait peut-être existé, ne pouvait exprimer ses jugemens autrement que d'une manière positive comme lui-même. Cependant, un jour qu'il discutait avec Barras sur les diverses causes pour lesquelles on méprise les hommes, on l'entendit dire : « T........., lui, les méprise, parce qu'il s'est beaucoup étudié. »

Le 6 juillet 1815, les troupes étrangères confédérées firent leur entrée dans Paris, par la barrière de l'Etoile. On remarquait parmi leurs équipages une calèche de mince apparence, dans laquelle était enfoncé un individu qui apportait le plus grand soin à se soustraire aux regards curieux de la multitude. Cet individu était le prince de T.........; le postillon et les chevaux de la calèche appartenaient aux Prussiens. Elle se trouvait parmi les bagages, et entourée de fourgons enlevés, sur lesquels on lisait : *Garde impériale.*

Sous le ministère du duc de Richelieu, M. de T.,........ était en disgrâce. Aux cérémonies qui eurent lieu à Saint-Denis, pour le service expiatoire de la mort de Louis XVI, M. de T......... se présenta dans le chœur pour occuper la place destinée au grand chambellan ; M. de Dreux-Brezé, grand-maître des cérémonies de France, s'en étant aperçu, tâcha de persuader au prince disgracié de ne point rester à cette place. Sur ce que M. de T......... faisait la sourde oreille, M. de Brezé lui déclara formellement qu'il eût à se retirer, et il fut obligé de sortir. M. de T......... ne tarda pas à rentrer en grâce, et madame de Staël, qui vivait encore, dit à cette occasion : « En vérité, le bon Maurice ressemble à ces petits bonshommes que l'on donne aux enfans, dont la tête est en liége et les jambes en plomb : on a beau les jeter, les renverser, ils se retrouvent toujours sur leurs pieds.

Au revoir, ma toute belle.

www.ingramcontent.com/pod-product-compliance
Ingram Content Group UK Ltd.
Pitfield, Milton Keynes, MK11 3LW, UK
UKHW020827120726
13693UKWH00002B/503